当代世界德育名家译丛
杨晓慧　主编

# Thomas Ehrlich
托马斯·欧利希
文集

# 高等教育的理想与现实

Thomas Ehrlich  Juliet Frey

[美]托马斯·欧利希  [美]朱丽叶·弗雷 | 著

毛世帅  马晓燕 | 译

生活·讀書·新知 三联书店

Simplified Chinese Copyright © 2024 by SDX Joint Publishing Company.
All Rights Reserved.
本作品简体中文版权由生活·读书·新知三联书店所有。
未经许可,不得翻印。

**图书在版编目(CIP)数据**

托马斯·欧利希文集／(美)托马斯·欧利希主编；王小林等译. —北京：生活·读书·新知三联书店，2024.7
ISBN 978-7-108-07520-8

Ⅰ.①托…　Ⅱ.①托…②王…　Ⅲ.①社会科学－文集　Ⅳ.①C53

中国版本图书馆CIP数据核字(2022)第182153号

# 总　序

## 一

马克思说:"一个时代的迫切问题,有着和任何在内容上有根据的因而也是合理的问题共同的命运:主要的困难不是答案,而是问题。"比较思想政治教育的兴起既是世界多极化、经济全球化、社会信息化与文化多样化背景下的必然之举,也是学科发展到一定阶段进行观念反思与议题创新的应然选择。

历史从哪里开始,思想进程也应当从哪里开始。和平与发展是当今时代的主题,世界多极化不可逆转,经济全球化深入发展,综合国力竞争日趋激烈。实现中华民族伟大复兴是近代以来中华民族最伟大的梦想,随着中国特色社会主义逐渐迈入新时代,社会矛盾发生深刻变化,提出并推进人类命运共同体思想是在新时代的历史方位中实现中国梦的战略需要。通过挖掘和利用国际合作与交流工作的基础性、前瞻性和引领性的潜力和特点,努力加快宽领域、高层次国际合作与交流步伐。

思想政治教育理应与时代同行,与实践同行,思时代之所思、问时代之所问、急时代之所急,并在最新的实践命题中提取理论命题,在最新的社会实践中检验理论生命力。值此百年未有之大变局,思想政治教育需要从本学科视角出发审视时局并明确自身的使命担当。加强对学生思想政治教育的重视,是立足于新时代教育对学生德育教育的重视的教育内容,是学生成长和发展的重要基础。对于学校而言,思想政治教育的有效开展是促进学校教育改革的重要方式;对于国家及社会的发展而言,思想政治教育有利于保障人才培养的品德修养,是培养德才兼具型人才的重要教育内容;对于学生自身而言,思想政治教育是保障其符合新时代社会发展需求的重要方式,是促进其身心健康、持续发展的重要保障。

拥有宽广的国际视野,对思想政治教育研究者和工作者来说,是不可逆转的发展要求,也是比较思想政治教育在新的发展态势下找准生长点、走特色人才培养道路的必然选择。在对外人文交流中确立比较思想政治教育研究的角色既是实践经验的总结,也是发展模式的探索。开展国际间思想政治教育比较研究对于认识和把握人类社会发展规律具有重大意义,可以指导人们更好地进行社会实践活动;比较的目的在于辨别事物的异同关系,谋求背后的一般规律,以服务于社会现实需要;进行比较要以共同点为前提,立足各国事实情况,不能回避和掩饰问题的实质;在具体的比较过程中,既要以联系的眼光综合运用纵向比较与横向比较,又要以整体性思维处理好比较中的整体与部分、一般与特殊的关系。

## 二

思想政治教育学是一门研究思想政治教育现象、问题并揭示思想政治教育规律的科学。在这个"历史向世界历史转变"的时代,只有通过比较的研究方法对思想政治教育研究进行时间与空间双重维度的拓展,深入解析不同历史时间和空间地域下的思想政治教育实践的具体样态及其生成发展规律,才有可能深刻把握思想政治教育演变发展的一般规律,为思想政治教育创新发展提供理论基点,探寻现实进路。

党的十八大以来,思想政治教育理论研究与实践创新取得很大成绩。但随着国际形势深刻变化和国内经济社会发展,新情况新问题新挑战层出不穷。思想政治教育要跟上形势变化、更好发挥作用,必须强化人本意识、问题意识、实践意识,不断开拓创新。思想政治教育比较研究的价值追求不止在于寻找异同,更在于透过现象看到其背后蕴含的本质性规律,深入理解、借鉴和反思世界各国思想政治教育实践活动。思想政治教育的比较研究进行得越是深刻和精准,我们越能接近思想政治教育的本质规律。以深入开展思想政治教育比较研究为主要切入点,我们亟待提升以"比较思维"为核心的思想政治教育研究格局,超越单一视域的思维阈限,拓宽传统思想政治教育学的认识边界,进一步强化思想政治教育在理论上的学理性和在实践上的适用性。

思想政治教育学自 1984 年确立以来,其主干学科逐渐由"三足鼎立"(原理、历史、方法)的结构体系演变为"四维驱动"(原理、历史、方法、比较)的发展态势。为了使国际比较研究与其他基础理论研究形成正反馈机制,就必须更加全面、深刻、科学、高效地借鉴。基于此,根据学界业已形成的丰富成果与思想观点,从认识论与方法论的视角体察探究思想政治教育国际比较的借鉴问题就显得至关重要。只有积累了一定的国别研究成果和比较研究成果,才能进一步探讨借鉴问题。当比较思想政治教育学科发展到一定阶段后,只有探明借鉴问题,才能更好地展现出其对于促进思想政治教育学科议题创新与观念反思的重大价值。在对外人文交流中确立比较思想政治教育研究的角色既是实践经验的总结,也是发展模式的探索。

总之,无论是从时代背景、文化背景,还是学科背景出发,思想政治教育国际比较的借鉴问题研究都势在必行。

## 三

我国比较思想政治教育兴起于20世纪80年代中后期。经过多年的建设,比较思想政治教育的发展已经初具规模。2016年5月17日,习近平在哲学社会科学工作座谈会上指出:"观察当代中国哲学社会科学,需要有一个宽广的视角,需要放到世界和我国发展大历史中去看。"2019年3月18日,习近平在学校思想政治理论课教师座谈会上又强调,教师的视野要广,包括知识视野、国际视野、历史视野,要能够通过生动、深入、具体的纵横比较,把一些道理讲明白、讲清楚。拥有宽广的国际视野,对思想政治教育研究者和工作者来说,是不可逆转的发展要求,也是比较思想政治教育在新的发展态势下找准"生长点"、走特色人才培养之路的必然选择。比较思想政治教育学的研究成果丰硕,包括著作译介、事实描述、要素比较与因果分析,对于比较后借鉴的可能、立场、内容与方略等问题的研究则显得相形见绌。

新时代背景下,开展思想政治教育比较研究具有很强的指导意义,同时也极具挑战。首先,"比较"应当甚至必须作为一种科学的研究方法,应用于哲学社会科学和自然科学研究领域之中。其次,"比较"不仅是一种具体的研究方法,还具有重要的方法论意义。比较研究为人们分析不同历史时代和不同社会的意识形态及其教育提供了科学的认识工具。最后,"比较"更是一种思维方式,这种思维方式理应贯通于整个思想政治教育研究的过程之中。"比较"不单从方法工具层面,更是从思维方式层面赋予了思想政治教育比较研究重要的价值意蕴。

从思想政治教育的时代背景和学科立场出发,我们精选国外思想政治教育相关领域较具权威性、代表性、前沿性的力作,推出了具有较高研究价值与应用价值的系列翻译作品——《当代世界德育名家译丛》(以下简称"译丛")。该译丛是东北师范大学思想政治教育研究中心(以下简称"中心")推出的"比较思想政治教育研究"系列成果之一。我们秉承"以我为主、批判借鉴、交流对话"的基本原则,"聚全球英才、育创新团队、塑国际形象"的建设理念,对国外著名学者的研究成果进行了深度透视与全面把握,意在拓展原有论域,进一步深化学术研究、强化学科建设、服务国家需要。

译丛作品的原作者均在全球范围内享有学术盛誉,具有深厚的理论功底和丰富的实践经验,将这些国外德育名家的研究成果集中翻译并结集出版,高度体现了中心以全局性、世界性的眼光认识问题,致力于推动人文社会科学研究的范式创新与人文社会科学的繁荣发展。

译丛主要面向四大读者群:一是教育学、政治学、社会学、思想政治教育学等领域的科研工作者,二是教育主管部门决策者、高校辅导员、政府相关部门等行政人员,三是思想政治教育、道德教育、比较教育等相关专业的本科生与研究生,四是广大对相关主题感兴趣的学者、教师,以及社会各界人士。

译丛在翻译过程中特别注意原作者真实观点的阐释,同时立足于马克思主义根本立场、观点和方法,坚持中国特色社会主义道路的行动指南,对所选书目及其内容进行甄别。译丛在翻译过程中,由于需努力精准呈现原作者的思想,难免涉及国外的价值取向和意识形态,请所有读者在研习的过程中加以辨别,批判性地进行阅读和思考。

杨晓慧<br>2024 年 1 月于长春

# 中文版前言

## 一

1979年1月1日,中美建立外交关系,这一天对两国来说都是一个重要的日子。当时我在吉米·卡特总统领导下的政府工作,负责直接与总统对接美国的双边和多边对外援助政策。担任这一职务时,我并没有涉足中美关系,但我确实亲身体会到了卡特总统是一位多么杰出的领袖,特别是他在外交领域的作为。

在任期间,我访问了非洲、亚洲、拉丁美洲和南美洲的许多发展中国家。在访问过程中,我看到中美两国为了改善贫困人民生活,特别是在农业、粮食、能源、卫生和人口等领域所做的诸多努力。

我记得曾经在其中几次访问中设想过,如果中美两国能够开展合作,对发展中国家的贫困人民会有多大帮助。多亏了邓小平先生和吉米·卡特总统的领导,两国才走向了合作之路,我衷心希望今后两国之间的关系能够更加牢固。

1985年,在中美两国建交六年后,我和妻子埃伦访问了中国,出席上海交通大学和宾夕法尼亚大学的一个联合项目的庆祝仪式。在那次访问中,我们看到了中国是一个多么了不起的国家,包括它的规模、人口、经济以及历经几千年历史的文化。

## 二

在我第一次访问中国之后的几年里,中国逐渐在世界舞台上占据一席之地。当我和女儿伊丽莎白再次访问中国时,看到了中国取得非凡进步的有力证据。这次我是应东北师范大学校长的邀请,前来与生活·读书·新知三联书店签订协议,出版我在过去几十年里撰写、合著或编著的 11 本书,所有这些书都将被翻译成中文。主导这件事的是博学而亲切的蒋菲教授,她是东北师范大学思想政治教育研究中心道德与公民教育比较研究室的主任。

这 11 本书,连同几十篇文章,承载了我一生在诸多领域的学术研究成果,也反映了我在四所高校担任行政人员和教师以及在美国政府担任四个职位的多年经验。

我一生中担任过 14 个不同的职位,我妻子开玩笑地说我工作永远做不长久。我的第一份工作是担任勒恩·汉德法官的书记员,他后来被公认为是美国在世最伟大的法官。当时汉德法官已经八十七岁,和我写这篇序言时同龄。他是一位极富经验的法官,在法官的岗位上工作了五十年,同时也是我的良师。

在担任汉德法官的书记员后,我曾短暂地从事过法律工作,因为我认为在担任法律专业教师前,最好先了解一下律师的日常工作,这也是我自己一直想做的事。但在从事法律工作不到两年之后,我认识的一位前哈佛法学院的法学教授艾布拉姆·查耶斯邀请我加入约翰·F. 肯尼迪政府。查耶斯教授是当时的国务院法律顾问,是我的另一位优秀导师,我们后来共同编写了一本关于国际法的三卷本著作,主要是根据我们在肯尼迪政府和后来在林登·约翰逊政府的经历撰写的。

查耶斯教授回到哈佛大学后,我和副国务卿乔治·W.鲍尔一起工作,他是我的另一位宝贵导师。像汉德法官和查耶斯教授一样,鲍尔先生向我传授了有关公共服务的宝贵经验,这些经验到现在仍使我受益匪浅,也引领我将公共服务视为一项崇高的使命。

幸运的是,斯坦福大学法学院邀请我做教师,讲授国际法,我不假思索地接受了,因为学校为我提供了我正想要的教学和写作的机会。五年后,我被选为学院院长。在任期间,我发现自己对一样事物十分享受,我称其为"制度架构"——有机会成为一个机构的领袖并使其发展壮大,且在机构中工作的人们可以得到所需的支持,以充分发挥其能力。

作为一名院长,我观察了美国各地法律服务的提供情况,发现在美国有相当一部分人在需要民事法律救助时孤立无援。杰拉尔德·福特任总统期间,美国正在组建一个新的政府实体——法律服务公司,我被选中担任这个机构的负责人。在这个职位上,我有机会学到了一门重要课程——领导力。与我做院长时一样,这份工作同时也让我了解到了美国贫困人口现状的严峻形势。为卡特总统工作的这几年,让我从全球视角进一步丰富了自己的经验,这有助于我理解发展中国家的严重贫困问题。

这些经历使我确信,我想为领导一所高校贡献力量。宾夕法尼亚大学给了我这个机会,校方选聘我为教务长,即首席学术官。这个职位让我了解到了一所优秀的大学是如何对教学、研究和服务提供支持的。在工作中,我也致力于培养学生具备公民参与所需的能力,这一承诺在我之后担任的职位上一直延续着。

在宾西法尼亚大学工作多年后,我开始意识到,如果有机会,我想领导一所著名的公立大学。当我被聘为印第安纳大学校长时,这个机会来了。印第安纳大学有8个校区,有超过10万名学生,其中位于印第安纳州布卢明顿的主校区有4.3万人。幸运的是,布卢明顿校区有一个规模巨大的亚洲研究项目,使我对中国及其邻国有了进一步了解。

在我担任印第安纳大学校长时,乔治·H. W. 布什总统选择我作为委员会成员加入一个临时的政府实体——国家和社区服务委员会,主要负责为美国所有年龄段的公民参与他们社区的公民工作提供支持。

后来我成为该委员会的主席,并帮助威廉·克林顿总统的政府制定法律。我在该委员会工作之余,又建立一个永久性的新政府组织——国家和社区服务公司。迄今为止,国家和社区服务公司最大的项目"美国志愿队",每年在全美21 000多个地点招募约75 000名男女公职人员参与公共服务。我在这个组织的委员会工作了八年,这份工作进一步加强了我鼓励每一个美国人参与公共服务的决心,无论是作为一份职业还是作为业余爱好。

我和妻子于1995年返回加州,我以杰出学者的身份在加州大学系统任教了五年,还帮助完善了该系统所有23个校区的社区服务学习项目。长期以来,我一直大力倡导将学术学习与社区服务联系起来的课程,如果能把这门课讲好,学术学习和社区服务都会得到加强。我在一个名为"校园契约"的全球性协会担任领导职务,并协助创立了另一个协会——美国民主项目。这两个项目都注重教育大学生积极参与公民活动,以改善其所处的社区。服务学习课程是这类教育的主要组成部分。

由安德鲁·卡内基创立的卡内基教学促进基金会于1997年迁入斯坦福大学校园,我以资深学者的身份加入了这一组织,并获得了与一群亲密的同事一起撰写学术书籍和文章所需的支持。

最后,在卡内基基金会度过了11年美好的时光后,在这个系列的第6本书出版时,我回到了斯坦福大学。这次是在教育研究生院任职,在这里我讲授高等教育领导与管理、高等教育中的教与学、慈善事业、美国民主等课程。我还为许多学生提供了咨询,包括一些中国学生。其中一个学生是我上一本书《公民工作,公民经验》的合著者,她的父母来自中国,但是她出生在美国。这本书在蒋菲教授的帮助下译成中文,并由该系列图书的出版社出版。

## 三

我坚信美国"公共参与奖学金"的重要性,这是一项学术工作,直接关系到未来公共政策和实践的形成,或对过去公共政策和实践的理解,包括教育学生具备在了解这些政策、参与这些实践中需要的知识、技能和素质。

我所有的书都在试图帮助美国政府决策者及其工作人员,或大学政策制定者及其教师和学生。这些书也反映了我在美国政府和三所不同大学——我先后成为院长、教务长、校长的大学里——收获的经验和见解。

这些书分为四大类。首先,有两本书是关于国际法的影响,其中包括我从美国国务院的职业生涯和斯坦福法学院的教学经历中获得的见解。第二,有两本书是关于法律教育的,借鉴了我在斯坦福法学院担任院长的经验。第三,有三本书是关于高等教育的,反映了我在大学教学和管理方面的职业生涯。第四,有两本书侧重于讲授道德、公民和政治责任,基于我自己在这个领域的教学、领导校园契约协会和美国民主项目,以及我任职国家和社区服务委员会委员和国家社区服务公司的经历。最后,有两本书是关于慈善和教育的,不仅反映了我的高等教育经历,而且也反映了我在美国两大慈善基金会董事会的工作,这两个基金会分别是公共福利基金会和理查德罗达·高德曼基金会。

## 四

我非常感谢东北师范大学和杨晓慧教授、高地教授、蒋菲教授,他们给了我很多殊荣。首先,他们邀请我去东北师范大学进行学术访问。第二,经由他们安排,我的著作得以被译成中文,我也非常感谢为此做出努力的生活·读书·新知三联书店王秦伟先生和成华女士,以及诸多译者,他们的辛苦工作保障了这项工作得以顺利进行。我希望这些做法有助于加强中美两国间的关系。我现在,以及会永远感受到,我与中国之间有一条特殊的纽带相连。

托马斯·欧利希,2021 年

# 目 录

序言 *1*

一、学习到的经验 *1*
    威廉·欧利希 *7*
    阿布亚姆·齐耶 *8*
    勒恩·汉德 *11*
    乔治·W.鲍尔 *15*
    赫尔曼·B.威尔斯 *18*

二、优秀的教师与教学 *23*
    是什么造就了一位优秀的教师？ *24*
    有效教学的七个准则 *26*
    建立创造性联系 *32*

教学与通识教育　35

　　价值观，我们能教吗？　38

三、研究不是一个禁忌词　43

　　"甜蜜而又可怕的完整生活"　44

　　大学是研究者的"避难所"　47

　　关于研究的大规模辩论　50

　　自由地探索问题　53

　　作为教师的研究者　60

　　增加对学术的投资　65

四、大学的社会服务　68

　　公益性服务　69

　　服务社会的传统　71

　　处于高等教育中心位置的社会服务　73

　　大学与国家服务　76

　　服务性学习　79

　　服务、研究、教学一体化　86

　　商业　88

　　教育　91

　　医疗保健　94

　　艺术　96

　　共同基础　98

## 五、让理想渐行渐远的现实挑战  101

规划、任期、运动和其他谜题  101

预先制定计划  101

教育新型多数学生  105

强化少数群体的存在感  111

防止偏执  114

提倡文明行为  117

反思终身教授制度  119

为进步注入新的活力——高等教育投资  125

保留体育运动项目  128

鼓励探究性思维  135

# 序　言

我是在印第安纳大学任期的最后几天写下这篇序言的。从某种意义上说，本书的撰写倾尽我毕生的精力，因为该书立足于我一生所获得的教诲。另一种意义上说，本书主要基于我过去七年在印第安纳大学的教学、科研经历撰写而成。

教学、科研和社会服务是大学的重要使命，它们在大学中所扮演的角色、发挥的作用及它们之间的相互作用，正是大学工作的重点。在我开始从事大学教学的过去 30 年里，尤其是从 1971 年我第一次成为大学管理者以来，斯坦福大学、宾夕法尼亚大学以及印第安纳大学的许多同事，都对我进行了指导和帮助。由于人员众多，在这里我不一一提及，但我想他们可以感受到我从他们身上汲取的智慧。

然而，我必须强调一位特别的朋友和同事鲍勃·泽姆斯基，他在我担任大学管理人员的大部分职业生涯中，给予了我很大的帮助。鲍勃·泽姆斯基是宾夕法尼亚大学教授、高等教育研究所所长，作为我在宾夕法尼亚大学和印第安纳大学工作时的伙伴，他既是我明智的顾问，也是我亲爱的朋友，我非常感谢他教给我的一切。

幸运的话，一个作家每隔一段时间就有机会和其他作家合作,这时他们难以辨别哪些话是自己的,哪些是另一个作者的。1987年,当我担任印第安纳大学校长时,朱丽叶·弗雷开始和我一起工作,在接下来的几年里,她帮助我完善和提高了我的表达能力。因此,这本书汇聚了我们两个人的思想,在这里我要向我的伙伴表示真诚的感谢。

我希望本书中的内容可以为在大学生活和工作的人,以及对高等教育感兴趣的其他各行各业的人,提供有益的借鉴。

托马斯·欧利希

布鲁明顿,印第安纳州

1994年7月

# 一、学习到的经验

最近,我看到一项"最希望孩子长大后从事什么职业"的民意调查,由《时代周刊》和美国有线电视新闻网(CNN)联合发起,结果显示,家长最希望孩子将来从事的职业及所占比例由高到低依次为大学校长,38%;大公司高管,28%;体育明星,11%;美国总统,7%;电影明星,4%。

如果这是我们家三个孩子仅有的几个选择,我和妻子艾伦将备受困扰。我们一直希望他们能做自己想做的事。一个想当民航飞行员,驾驶波音747飞往远东;一个想从事社会工作,专为青少年及其父母提供咨询服务;一个则想成为一名律师。三个孩子选择从事自己喜欢的职业,我们当然高兴。但是不得不说,当看到好多父母投给"大学校长"的票数高出投给"大公司高管"的票数10%,远远超过投给"电影明星"的票数时,我确实有些吃惊。

我曾担任印第安纳大学校长七年,从该职位退下来后,我不禁问自己是什么让这份工作如此令人振奋。我想起多年前斯坦福大学校长华莱士·斯特林给我的建议。我也常常试着向学生传达这一建议:大学教育应该让人学会思考三个方面的事物,即朋友、思想和自我。在印第安纳大学的七年时光让我对这三个方面有了更加清晰的认识。

我认识到与朋友的频繁接触显然让我受益匪浅。我的很多同事,私下里和我也都是亲密的朋友。一提起他们我可以侃侃而谈好几个小时。同他们在一起,我感受到就某些思想或观点进行深入思考带来的快乐,因为他们总会乐此不疲地跟我分享众多专业领域的思想,带我一起深入探索并给予我很多精彩的见解。不仅如此,我在学习如何做好印第安纳大学校长,成为我竭尽全力能做好的那个校长这一过程中,也深刻地认识到自己的优长和不足。

这些年我最大的收获是,我认识到倾听的重要性——多听听学生们、教职员工们、校友们以及关心学校发展的朋友们的心声。有好几次我对自身就某问题的看法很有把握,结果却常常受到学生的质疑,这不得不让我重新思考该问题,并调整对此的看法。总之,我的工作以各种各样的方式帮助我成长,让我比以往任何时候都更加清楚地认识到,能够管理一所优秀的大学是一个多么不寻常的机会啊!

职业生涯中为数不多却几乎总是正确的规则之一是,一个人永远不要把一份工作当作下一份工作的垫脚石。在过去的几十年里,我认识了很多不遵循这条规则的朋友,结果往往是收获远低于他们的预期。回想起来,我惊讶地发现,原来在大部分的职业生涯中,我都在为日后成长为大学校长不断历练,只是我不自知罢了。在高中和大学期间,为马萨诸塞州政界人士撰写演讲稿的兼职活动让我慢慢学会使用英语的技巧。从哈佛法学院毕业后,我多次更换工作,而每次都获益良多——这些经历为我日后成为一名大学校长做好准备。每每想到我居然当了大学校长,我都会很惊讶。因为在密尔沃基一家律师事务所和国务院工作一段时间后,我就一心想着要教书,于是就去了斯坦福大学法学院任教。或许正是这四个行政职位(两个在大学,两个在政府)给了我最好的历练,让我能够沉着应对管理一所综合性大学所面临的挑战。

大学校长的具体工作是什么?这是我经常听到的一个问题——提问者有时出于好奇,有时因为希望校长花更多的时间处理他们所关心的问题,但也常常出于对我要在一天24小时里完成36小时工作量这一困难的同情。我尝试着为自己也为他人回答这个问题,当然我承认我是通过我的个性和努力去认识这一职位的。

基本上,我把我的时间分配给三类主要职责。第一类是规划大学的未来,这种规划可能是受到一些外部实体的影响,但绝大多数是——而且应该是——由校长组织并且是建立在校长对相关目标所做出的一系列判断基础之上的。那么要做出相应的判断,就必须要沟通咨询,尤其是要咨询全体教师。我将在第五章详细阐述"大学规划"。这里我只强调一点,那就是评价一任校长工作干得好坏,关键是看其在学校一些关键目标上的基本决策怎么样。当然这些基本决策对学校产生的影响可能要等到若干年后才能显现出来。

还有一点,我认为,一个大学校长如果不深度参与学术事务——这可是大学的核心,就不可能卓有成效地管理一所大学。参与教学及学术活动是校长的一项基本职责,若是未能参与,就无法引领学校教师。

第二类职责是处理外部事务。其中最重要的是要当好大学的代言人——在与州一级立法机构、其他一些有公立高等教育机构管辖权的州一级机构、州长和州一级官员、商业和企业领导人,以及其他重要群体打交道时,校长要充分发挥其代言人的作用。另外诸如私人融资这类活动显然也是外部事务。我喜欢向潜在的主要捐赠者请求捐款,他们也希望见到校长。校友对任何一所大学来说都是至关重要的,我在全国乃至世界各地的印第安纳大学校友身上投入了大量时间。

当然,像印第安纳大学这类重点大学的负责人同样也要参与到全国高等教育组织中去,而且还得代表学校与美国国会有效地沟通。近年来,印第安纳大学获得了联邦政府的大力支持,赢得这些支持是要花费大量时间和精力的。此外,我也一直致力于服务国家、服务社区——学生和我本人都在做——拿我来说,我现在还担任两个全国性组织的负责人:一个是"校园契约",由500多名高校校长组成,一直致力于鼓励学生提供社区服务;一个是国家和社区服务委员会,属于联邦机构,成员皆由总统任命并须参议院通过,旨在全国推动服务工作。这些活动让人非常满意,因为我坚信服务的意义,尤其是为年轻人服务,我认为这些努力将使印第安纳大学及其学生受益。

第三类职责涉及内部事务。很多这类事务涉及如何吸引和扶持大学里的优秀人才并帮助他们一起工作。此类事务还涉及资源分配。有些事当存在可能性的时候常常要答应,要是不可能的话就没法答应,但是常常也需要以合适的方式说"不"。最重要的是要沟通交流——要善于倾听学校这个大家庭的成员和朋友们的意见。我定期看望印第安纳大学八个校区的学生和教职员工,参加大学董事会会议以及全州数不清的其他会议,撰写斯克里普斯-霍华德每月的专栏和其他出版物的文章,出席新闻发布会,参加电视节目,这些都是我与大家沟通交流的活动。如果我要是能再增加一项活动,那一定会是印第安纳大学八个校区校刊里的定期问答专栏。当然,回答将近十万名学生的问题是一项艰巨的挑战。

同样值得强调的是,我的妻子艾伦在印第安纳大学做全职志愿者,特别是当活动与"联合之路"有关时,她更是全程参与。因为她多年前就一直是我们社区"联合之路"的负责人,还是该组织印第安纳州和全国委员会的委员。因此,艾伦和我有机会一起在印第安纳大学做很多事情,这给我俩带来很多乐趣。我俩选择这样来共同做好这份工作,虽谈不上是最好的应对方式,但于我们来说确是最令人满意的方式。

当然,工作中肯定会有挫折,学校外部的、内部的都有。一些政府部门等一直试图控制像印第安纳大学这样的公立大学,比如印第安纳州议会、高等教育委员会、州长,跟他们打交道真是令人极其恼火。例如,早在担任印第安纳大学校长的第一年,我就提出建立一个交互电视系统将学校八个校区统一连接起来,而这一提案在七年后,也就是我的任期快要结束的时候才最终获得州议会的批准。而在大学内部,我们经常"搬起石头砸自己的脚"。教职员工的管理工作虽然并非针尖对麦芒那般棘手,但也绝非易事。教职员工获得学校聘用是因他们的才智,而不是管理能力。大多数人选择这一职业部分是由于他们对管理既没有天赋,也没有兴趣。因此,不必大惊小怪,他们中间很少有人确切地知道经营一所大学需要做些什么。每当学校管理部门在5月份春季课程结束后至8月份秋季课程开始前这段时间安排一些工作时,很多人对此感到非常沮丧。他们不能理解也不愿去理解,即使是在学生放假期间大学也必须持续运转的现实。

总的来说,我发现有效地做好大学校长这一工作需要五项特殊技能:第一,必须心思细腻,而且愿意帮助他人做到最好。第二,能够提出适当的问题,仔细分析可能的答案,并向他人清楚地表达做出特定判断的理由。第三,必须对新观点保持开放的态度,不能太武断。第四,必须明智地选择确定最为核心的工作事务,不能分心,要持续跟进。最后,必须敢于梦想未来,坚定行动,让梦想成真。不过,没有一个领导者同时拥有这五项特殊技能,所以尽可能选择最能胜任的合作伙伴并全力支持他们则变得至关重要。校长如果为了突出自己的才能而选择不能胜任特定工作的伙伴将是灾难之举。

显然,优秀的老师以及能够弥补自身短板的强有力伙伴对任何领导者而言,都是必不可少的。要说我拥有这五项特殊技能,全都是我生平中五位非凡卓绝的老师谆谆教诲的结果——我的父亲、阿布亚姆·齐耶、勒恩·汉德、乔治·W. 鲍尔和赫尔曼·B. 威尔斯。五位导师身上集中体现了这五项特殊技能,真乃典范。他们帮助我一次又一次学习到一个可贵的道理:世界是由个体创造,并不断向前推动。特别是在大学这样的大型机构里,有时大家很容易想当然地认为一个个体不会产生什么影响。但是,几位恩师教导我,哪怕是一个个体也是可以做出长远贡献的——我们帮助他人,他们紧接着会去帮助更多的人。

## 威廉·欧利希

我的第一位导师是我的父亲,他是我的行为榜样,帮助我和其他很多人学会了凡事都要竭尽全力,做到最好。直到现在,距他87岁那年去世已过了好几年,我才开始明白他身上所具有的道德品格对我深深的影响。我们是最亲密的朋友。我长得很像父亲,正如他长得像祖父,我儿子长得像我一样。我家墙上挂着四张照片,上面写着"欧利希家四代男人15岁时的风貌"——我祖父、我父亲、我和我儿子。我们看起来像四胞胎,尽管这四代人跨越了近一百年。

和其他伟大的老师一样,父亲对我也是言传身教,以身作则。他总是在我身边,倾听、理解我,给我建议与支持。但对我来说,他自己生活中的很多实例——尤其是他如何处理与他人的关系方面——比他给予我的支持更为重要。父亲是一位女装零售商,也是几家小商店的合伙人。他辛勤工作,努力撑起这个家。但他真正的乐趣在于家庭、社区,并努力帮助那些需要帮助的人。父亲逝世后,我常常听到熟悉父亲的人说父亲曾对他们的生活产生了多么大的影响,他认真倾听,帮助他们清晰地认识各自的困难,以便让他们自己做出决定。

我母亲和父亲结婚那会儿年轻漂亮,才华横溢,取得建筑设计学士学位。20世纪30年代经济萧条,她没能找到一份建筑设计师的工作,后来去马萨诸塞州剑桥市的福克艺术博物馆工作,负责修复受损艺术品,那可是美国最早一批从事艺术品修复工作的地方。从小母亲就教我懂得欣赏艺术非常重要。

在父亲生命的最后30年里——从20世纪50年代（我那时十多岁）至80年代初——我母亲患上了严重的抑郁症。母亲情绪阴郁，以前的很多朋友也因此慢慢少了来往。30年来，父亲未曾抱怨过，一如既往地关心、爱护着母亲，给她送饭，包揽了全部家务，承担家里所有的开销，一手拉扯两个孩子，当爹又当妈。那些日子里，父亲从来没有让母亲或是其他人感受到丝毫的不情愿，让人觉得他做这些是迫于无奈，也从来没有因为母亲的行为或者不再料理整个家向别人抱怨。父亲的细腻、耐心、始终如一的善良一直深深地影响着我。

## 阿布亚姆·齐耶

对我一生影响深远的第二位老师是阿布亚姆·齐耶，他是我在哈佛法学院读书时的一位任课教师。他帮助我认识到能够提出恰当问题的重要性。早期，齐耶曾在费利克斯·法兰克福特大法官身边工作，担任法务助理，那可是最高法院最优秀的陪审员之一。不久后齐耶开始在哈佛教书，直到退休，这期间他曾于1961至1964年休假，担任美国国务院的法律顾问。我有幸三次成为阿布亚姆·齐耶的学生——第一次是在哈佛求学期间，第二次是担任他在国务院的特别助理期间，第三次则是我开始自己的教学生涯期间。

作为一名法律教师，阿布亚姆·齐耶是一位完美的苏格拉底式提问者。我选修了他的公司法高级课程，我记得他课堂的大部分时间都在讲授与股息有关的晦涩法律问题，但是问题的实质并不重要。这门课程实际上是关于法律分析的——提出问题，把问题分解成不同部分,分析每个部分,然后用新的见解把它们重新组合起来。我和我的同学们从阿布亚姆·齐耶那里获得了从各个方面仔细研究问题的能力。最重要的是,我们知道了任何分析中最困难的部分是要懂得该问什么问题。他教导我们,如果知道了什么是恰当的问题,那么随之便会得出正确的答案。如果你不能甄别出恰当的问题,再多见解和智慧也无法帮你找到正确的答案。

为齐耶工作期间的一次经历更加深了我对他这一观点的理解。1962年麦卡锡主义仍然盛行,而且国务院官员经常受到"对共产主义态度软弱"的指控。在负责护照、签证及类似事务的助理国务卿办公室尤其如此。参议院内部安全小组委员会正积极参与政治迫害活动。国务卿迪安·拉斯克越来越担心有人窃听助理国务卿办公室内的电话,因为助理国务卿在电话中的机密言论经常受到参议院小组委员会工作人员的质询。我负责查明这件事的原委。助理国务卿办公室的一名前雇员当时在伦敦,我提前一个小时接到通知,被派往伦敦去审问这位前雇员。我在美国驻伦敦大使馆地下室一间小办公室里审问他八个小时。审问完后,我确信,该男子并没有参与窃听助理国务卿的电话,而且他也并不清楚是否有其他人这样做。

令我极其尴尬的是,几天后,这名男子和他的律师居然来到我在华盛顿的办公室,坦白了他和另一名雇员掌握电话谈话的录音,并将其转交给了小组委员会。他没有窃听任何电话,而是在助理国务卿办公室里安装了"窃听器",是一种微型电子接收器。总之,这便是因为我没有提出恰当的问题。

作为法律顾问,阿布亚姆·齐耶既担任国务卿和国务院其他高级官员的律师,也担任美国政府的律师。尽管他的角色已经从剑桥转换到华盛顿,从教授转变为政府官员,但他仍然是一名教师,我也仍然是他的学生。1962年10月22日,我去从事被称为"古巴星期一"的工作。那天晚上,肯尼迪总统宣布对古巴实行封锁。从晚上八点至次日早上八点,我和阿布亚姆·齐耶及另一位同事合作起草了一份备忘录,解释美国行动的法律依据。在接下来的六个月里,我大部分时间都在处理与这次封锁及其后果相关的法律问题。我们的压力很大,时间也很漫长,但阿布亚姆·齐耶始终是一位细心的老师,他帮助我从各个方面审视每一个问题,尽力为客户辩护,但也始终牢记国家是我们的主要客户。在担任阿布亚姆·齐耶特别助理的三年中,我学到了很多经验,其中之一就是做好准备的重要性。在每次会议之前,我们都会讨论预料之中会发生什么,预料之外又会发生什么,甚至是如何最好地处理远期可能的突发事件。

11 三年后,阿布亚姆·齐耶离开了国务院,我在时任副国务卿的乔治·W.鲍尔手下工作了一年之后,开始从事法律教学工作。我从十几岁的时候就向往能成为一名教师,所以斯坦福大学法学院的聘书于我十分有吸引力。我对国际法的教学一无所知,事实上,我从未修过这门课。但毫不谦虚地说,我认为我可以根据与阿布亚姆·齐耶一起工作的三年经验为这门课程整理材料。在他的大力帮助下,我确实是这样做的。他是一位出色的编辑、校对和评论员。我们一起工作的这些年里,我获益良多,包括思维方式和表达方式,现在这些已成为我的一部分,而我已想不起当初没有这些时自己的模样了。

## 勒恩·汉德

我的第三位伟大的老师是勒恩·汉德法官,他是我们这个时代或许是任何时代美国法学家中的佼佼者。我说"或许"并不是因为我对他的伟大有任何怀疑,而是因为汉德对任何最高级的说法都持怀疑态度,更别说这么夸张的说辞了。30 年前,我刚从法学院毕业,曾在他身边做了一年助理。我从他身上学到了很多,其中最弥足珍贵的便是永远不要太确信某某人一定正确。

1959 年秋天我开始为汉德工作,那年他 87 岁。汉德当了 50 年的联邦法官,是美国公认的最优秀的法律人才。担任助理的第一周,我坐在自己的办公桌旁,我的办公桌也在豪华的法官办公室里(那是汉德在弗利广场法院的办公室),离法官办公桌几英尺远。我们的惯例是这样的:我们分别看完案情摘要后,他会要求我为其中一方辩护,他则极力提出相反的观点,我们时而也会交换立场。每次他都会正反论证,提出论点,又对论点进行反驳。他写草稿的方式与他的思维过程密不可分,因为他总是写完又反复修改——针对一个观点的草稿就会有八份、十份,有时是十二份甚至更多。

汉德法官很幽默。他几乎了解并喜欢吉尔伯特和沙利文的每一首诗,也经常吟诵给我听。他喜欢五行打油诗,即便他自己的打油诗大多无法公开吟诵。然而,我仍想引用汉德曾用来向我展示"被撕毁"和"被戳破"的区别的一首打油诗,因为这首诗突显了他在教我辩护的风格要素时的用心:

> 有个年轻的律师叫兰斯，
> 他签合同购买了红蚂蚁。
> 但是合约被撕毁，
> 他感到刺痛，
> 原来蚂蚁戳破了内裤。

他也喜欢玩具，有一次他没收了一辆玩具卡车，这辆玩具车是专利案中的一个展品，他"开"着这辆小车，满心欢喜地在大厅和其他法官的房间里转悠，一路笑个不停。

有一句关于历史学家的谚语这样说："一个人不懂历史学之外的事，那他连历史都不懂。"多年来，我逐渐认识到，这句话适用于所有人：只局限于一个专业领域的人最后甚至无法有效做好该专业领域内的事情。而汉德涉猎广泛，堪称全才：哲学家、讲故事的好手、演员、诗人等等。

汉德认为公正是一个好法官的基本素质。他审查任何案件时都要重新审视存在争议的或者是支撑特定立场的所有法律原则，哪怕是最基本的一些原则。他认为，只有真正的怀疑论者才具备不轻易做出承诺的能力，对他们来说，怀疑可以驱散所有的绝对论调。他是一个极端的怀疑论者，不过他可从不愤世嫉俗。法官最喜欢引用的是奥利弗·克伦威尔在战争前夕对士兵们说的一句话："我以基督的心恳求你们，想想吧，你可能是错的。"他说，这句话应该放在全国每个法院的大门上。他认为，法官必须在相互冲突的价值观之间做出抉择，而不是将自己的看法强加于人。

汉德不认可用自然道德法则来规范人类行为的观点。在他看来,除了考虑个人的偏好和折中的需要之外,在选择基本价值观时,没有普遍的标准。因此,他认为不存在任何固有的法律原则,除了那些碰巧被社会中足够多的人接受并体现为"法律"的那些原则。

这种思想使得汉德对很多法官持有强烈的批判态度,特别是对最高法院的一些法官。他认为他们不过是假借正义的名义以自己的方式解决社会冲突。在汉德看来,这就是奥利弗·温德尔·霍姆斯那句玩笑话的基础。那天霍姆斯和朋友们散步,走了一会儿,其中一个朋友向他告别,并对他说:"请伸张正义。"霍姆斯回答道:"正义?我的朋友,那不是我的工作。我的工作不过是依法裁决罢了。"

依照法律裁决案件是汉德对作为一名法官的深刻见解。他写了以下关于霍姆斯的话,这也适用于他自己。他是"一个自由主义者,一个自由的捍卫者",然而那些"词语都是负面的……"

> 对于那些意识到被某些东西束缚的人来说,自由一词可真是越听越顺耳,但一旦他们获得自由,生活可能会比遭受束缚时更加空虚……对我们大多数人来说,就像《陪审团审判》中的被告一样,今天爱上这个女人,明天爱上那个女人,自由是一种诅咒。我们又偷偷钻入笼子里,恪守我们的原则,不管笼子有多狭窄,也不管原则有多陈旧。它们帮助我们抵御直面自己时那种无法承受的痛苦。

和霍姆斯一样,汉德也深深地感受到了那种痛苦。他为自由和自由所提供的选择而欢喜。但在做出那些选择时,他总是意识到自己可能是错的。

在近三十年的时间里,我开始对汉德的许多司法判决以及他的一些司法理念存有异议。但我仍然坚持他的信念,他认为就像大学一样,法庭并非绝对道德之地。我知道,有些人对这种说法感到愤怒。他们会问,诚实、同情和其他基本的道德价值观呢,它们难道不是绝对的吗?当然,从某种意义上说,它们是,它们也应该得到强化。但根据汉德法官教给我的以及我自己学到的经验来讲,这些道德原则只有在运用时才真正有力,但是在运用中也会产生棘手的问题。

例如,专业领域内很多具体案例中会产生道德冲突,比如医生或律师代表他的病人或委托人时什么情况下需要隐瞒真相。最终必须做出选择,汉德坚信,有时人们必须在完全不具备确定性的情况下,甚至付诸一生来做出一个只有依靠信念才敢做的决定。但他强调,关键要记住,人们的决定可能是错的。大多数职业中都面临类似的情况,但在司法领域中尤为突出。

我知道他一定会补充道,同样的道理对老师(尤其是大学老师)来说也是适用的。他特别尊重自己的老师,并常常强烈建议我去当老师——就像他过去常说的那样,他认为我能做到,并找到一种方法"买煤生火"。他曾在哈佛法学院发表关于《人权法案》的演讲,快结束时,特别赞扬了他在那里的老师。

> 从那时起,老师们的一言一行就深深地印在我的记忆里,一直伴随着我。每当我感到工作繁重、任务琐碎、困惑难消时,他们一次又一次地帮助我走出困境。从他们身上我学

到,我们之所以获得报酬并收获极大的满足感,是因为我们是"司法领域的"工匠(同中国的匠人精神——一种认真精神、敬业精神)。在真理的宇宙中,他们依靠手里那把雕刻斧生存,他们不要求也不会给出任何绝对的答案。在座的各位以他们为榜样,也这样做吧!

## 乔治·W.鲍尔

我心目中第四位伟大的老师是乔治·W.鲍尔,他教我认识到将精力集中在关键的几个优先事项上的重要性。1964年春,我开始为鲍尔工作。自肯尼迪政府上台以来,他一直在国务院工作,先是担任经济事务助理国务卿,后来又担任副国务卿,是国务院中仅次于腊斯克的第二号人物。当查耶斯离开国务院时,我知道我将很快去教法律。但自我到华盛顿以来,我一直钦佩鲍尔,他可是国务院里政策和语言方面最出色的专家。能在他身边工作是个绝好机会,我可不能放弃。

鲍尔聘请我帮他撰写演讲稿和做政策分析,我在大学和法学院期间也一直为马萨诸塞州的多位政界人士做这些工作。回想起来,有时觉得我前半生大部分时间都是在为别人写讲话稿或是待别人签名的信,后半生大部分时间则反过来了,用别人写好的稿子演讲,或者是在别人写好的信上签名。然而,与鲍尔共事的一年里他教会我,一个好的演讲者和作者绝不会简单地接受别人的话。相反,最好是形成一种真正的合作关系。

我为鲍尔写的每一篇文稿,他至少都要修改几句,只有一篇除外。讽刺的是,这篇一字未改的小文是在简短介绍《有效写作实用指南》这本书。该指南是一位退休的政府官员写的,他在政府教写作。我在介绍中所写的内容是基于我从鲍尔身上学到的经验:

> 老师的教导让我明白陈述一个想法与想法本身一样重要,明确的表达永远不能取代想法,但除非清楚地表述出来,否则任何想法都不能得以充分展现。我们中很少有人能写得很好,但我们都能写得容易理解。然而,无论是在私人通信还是在公共生活中,我都注意到许多文章和信函的写作目的都是为了隐藏想法——或者说是缺少想法,而不是为了传达任何想法或目的。
>
> 有些人喜欢斟酌词语及词义,写作是一种享受。每每用朴实的语言将复杂的问题讲述清楚了,他们会非常满足。但多年来,到过我案头的文章的作者似乎还缺乏这一优势。
>
> 社会各界人士,包括政府,都没能清楚表达他们的想法,我有些失望。他们的每句话几乎都有句法问题。显然,他们认为"每一个句子都应该有主语和谓语"这样的观点不是具有破坏性,就是过时了,没用了。我坚信,朴实无华的陈述句是人类最崇高的"建筑成就"之一,也是人类最珍贵的成就之一。

有时鲍尔起草,我来编辑。更多时候则是他修改我的草稿。但不管怎样,我们都是作为一个团队一起工作。他有一种独特的表达方式——把他头脑中、笔下特有的单词和短语组合在一起的一种模式。他非常注重词语及词义，讲究用词。就像勒恩·汉德一样，鲍尔常常将福勒的《现代英语用法》以及斯特伦克与怀特合著的《语体要素》奉为圣经。与知道某个观点是否正确相比，鲍尔更喜欢为得体地表达这一观点找到恰当的词语。

鲍尔坚信，美国的未来主要取决于与欧盟以及与日本的密切合作关系。他不太关心与发展中国家的关系——倒不是因为他对那些需要美国帮助的国家缺乏同情心，他是十分赞成给予帮助的。相反，他要确保美国不会偏离其主要外交政策目标。在鲍尔看来，越南战争就是一种外交政策的偏离。因此，他认为美国的介入从一开始就是个错误。当我开始在鲍尔身边工作时，美国正在考虑迅速派出更多部队以及扩大轰炸范围。鲍尔认为这两点都是错误的，并在我们一起写给总统的一份长篇备忘录中也表达了类似的观点。

我和鲍尔大部分时间都在起草各种计划，以便美国体面地撤军。鲍尔成为约翰逊总统身边的"魔鬼代言人"，因为他是总统身边唯一反对美国这一政策的高级顾问。

在和鲍尔一起工作的过程中，我印象特别深刻的是他总有三四个关键目标，他所做的一切都是为了实现这些目标。我们从一个危机转向另一个危机，但他始终把关键目标牢记在心。我认为，相比其他特点，一个伟大领袖最重要的标志是能够制定和维持关键目标。大多数败在这个职位上的大学校长都是被一个不那么核心的问题打倒，比如校际体育比赛、校长用房经费问题，以及科研项目的管理费用等等。这类问题绝不是像"本科教育"这样的中心议题。鲍尔教给我的一个简单的经验是将精力集中在你的目标上，不要偏离，这个道理对高等教育和外交领域同样适用。

## 赫尔曼·B.威尔斯

在我生命里五位最伟大的老师中,最近的一位是赫尔曼·B.威尔斯,现任印第安纳大学的名誉校长。他在1937至1962年担任校长期间的天赋异禀成就了今天的印第安纳大学。他教会我一个道理,用他自己的话说,就是要"追逐伟大的梦想",并信心满满地去努力实现这一梦想。

我第一次见到威尔斯是在宾夕法尼亚大学的办公室里,那时他已经84岁了。1987年年初,印第安纳大学的董事们正考虑让我担任校长。时任印第安纳大学董事会主席的理查德·斯通纳打电话给我说,威尔斯将在从印第安纳州到佛罗里达州的途中访问费城,非常乐意与我见面。不需要太多的地理知识我也能意识到,到费城来并不顺路,实际上绕远了。因此我明白,说威尔斯从印第安纳到佛罗里达途中顺道来见我,虽有些夸张,但让我很感动。几十年来,我一直在阅读这位高等教育大师的杰作,他可是20世纪美国最重要的两三位教育家之一。

我们几乎一个下午都在参观。见面伊始威尔斯就告诉我,自从上次来宾夕法尼亚大学帮助筹备200周年校庆活动以来,他一直还没有机会再来这里。后来在筹备250周年校庆活动的过程中,我开始感受到他深远持久的影响力。

当然,自从来到印第安纳大学后,我对这位非凡卓绝的老校长有了更多的了解。他的确对过去有着非凡的认识,但他对未来的展望才真正体现他天才的一面。在担任校长的最初几年,他一直在谋划着印第安纳大学应该怎样同时推进硬件建设和学术发展。随着时间的推移,他主持并推动了他的计划,带领一所中西部小型大学走向卓越。他在世界各地建立了国际项目,使得印第安纳大学在亚洲和欧洲的一些地区比在美国更有名。为了整个印第安纳州的利益,他还与私立和公立高校密切合作。很显然,他深知优美环境的重要性,并确保布卢明顿校区在发展中保持自然美,保持校园建筑的和谐与连贯,以及一个小校园特有的那种氛围。

随着时间的流逝,威尔斯在担任校长期间所做斗争的喧嚣已逐渐消失,他的胜利成果则永存于校园——他开发了伟大的学术项目,为项目实施而建的美丽的教学楼,并让强有力的学术带头人来引领这些项目。但是威尔斯也经常向我诉说他失败的斗争,即使那失败的痛苦已经消退了。

在大多数情况下,威尔斯都是我的导师。但他任校长期间所展现出的那种领导才能让我受益颇丰,远远超过了我任期内听到的任何个人见解。在大萧条最严重的时候,他走马上任,担任这所大学的校长。他曾是商学院院长,在威廉·劳·布赖恩执掌印第安纳大学35年后,他被选为临时校长,他笑着告诉我说因为当时董事们认为他没有资格担任校长职位。但仅仅几个月后,董事们就得出结论,他正是这一职位的最佳人选。在接下来的25年里,他把印第安纳大学从一个小小的中西部大学发展成为一所世界级的大学。

威尔斯深信,音乐和其他表演艺术对人类文明必不可少。因此在任期内他也乐此不疲地推动这两项事业的发展,真可谓念之所在,心之所系。最终呈现给世人的是,学校有世界上最好的音乐学院、著名的戏剧系、由贝聿铭先生亲自设计的艺术博物馆,以及全国首屈一指的大学歌剧院。威尔斯对艺术的投入只是他教给我的重要经验中的一个例子——一个专注的领导者可以产生巨大的影响。

退休后,威尔斯写了一本精彩的自传《做个幸运儿》。他向继任校长提出了自己的建议,他说:"大学领导班子应该让大家看到它是如何做成事的,而不是它为什么做不成。"仅次于盲目扩张,他将趋同性称为"区别对待所面临的最大的敌人——对不同院系、不同师生和不同专业不加区别地统一对待。他们的特征并不相同,试图对他们一视同仁是一个巨大的错误"。

威尔斯和我也常谈起我最喜欢的印第安纳大学前任校长大卫·斯塔尔·乔丹,我也特别怀念他,因为他是斯坦福大学的第一任校长,也是印第安纳大学的一位伟大领袖。和威尔斯一样,乔丹也是一位杰出的大学校长。作为一位杰出的科学家和进化论学者,他在19世纪末游历了整个印第安纳州,并以当时尚新的进化论为基础,讲授动物、鱼类和人类的进化问题。他在以前的必修课中设置了选修课。他写道:"真正的教师职责是让课程适应学生,而不是让学生适应课程。因此,高等教育应该培养差异性而不是一致性,其作用不是使我们达到预设的标准,而是帮助每个人充分发挥他们的天赋。一门预先安排好的学习课程……是教育懒惰的极致。"

最重要的是,乔丹十分重视道德价值观。他在斯坦福大学的就职演说中说:"我们可以通过展示我们自己对真理的重视来向学生传授真理的价值。同样,我们也可以通过以身作则树立正确的榜样向学生传递正确的生活价值观。"这个道理——最好的教导是通过言行而不是说教——往往说起来容易,做起来却很难。但这正是高等教育所要实现的目标。

和乔丹一样,威尔斯在任职校长期间永远扮演着一名老师的角色。有人讲,他经常在课间学生们赶去上课的时候在布卢明顿校园转悠,问起他们对大学生活的看法。这类故事比比皆是。他经常与学生开展非正式的谈话,了解他们的看法。

当我们第一次在费城见面时,我问威尔斯要发展印第安纳大学最需要做的是什么。他鼓励我要积极地在学术领域发挥领导作用,这对最初两年里我着手制定一个雄心勃勃的学术发展计划帮助非常大。

最重要的是,威尔斯教会我对大学要有很高的期望。以他的名字命名的奖学金项目就是对此最好的例证。我到印第安纳大学以后,和很多人一样,也感到困扰,印第安纳州许多最好的高中毕业生选择离开,去别的州上大学——去哈佛、伯克利、密歇根、斯坦福以及其他顶尖大学。在过去的十多年里,印第安纳大学一直在努力提高招生标准,并取得了显著的成绩。但除了少数之外,最优秀的学生还是去了别的地方。"赫尔曼·B.威尔斯学者项目"的推出旨在改变这一现状。邀请全州所有的高中提名一到两名最好的学生申请全额奖学金。这些被提名的学生不仅要学业优秀,还必须是全面发展的领导者。50名最优秀的被提名的学生将受邀到校园里度过周末,就像许多足球和篮球特长生那样来面试。最终21人不仅获得全额奖学金,而且有机会在他们特别感兴趣的领域与教师密切合作。

我有些担心这个项目最终的进展,因为我知道第一批获得威尔斯奖学金的学生同样也会获得全国各主要私立和公立大学的奖学金。然而，当21人中有20人最终选择印第安纳大学时，我知道这个项目会成功。更重要的是，我们招生办主任告诉我，申请这一项目的学生中大约有200名没有获得威尔斯奖学金，我们想着应该不会来了，但他们最终还是选择了印第安纳大学。他们之所以选择这所大学，是因为他们想去一所人们具有很高期望的学校。在这几年间，我看到了威尔斯学者项目有五个班的学生，这使我相信这一项目大大提高了印第安纳大学本科教育的期望值。以赫尔曼·B.威尔斯的名义迈出了这一步自然特别合理。

在印第安纳大学的最后一年秋天，我给获得威尔斯奖学金的学生上"慈善、利他主义和公共服务"方面的研讨课。早些年，大学校长通常为大四学生讲授道德哲学课。人们期望大学校长是各大学道德价值观的代言人。20世纪60年代相对主义破坏了整个时代的面貌，那之后好长一段时间道德研究才慢慢恢复其地位，这一领域往往不是充斥着激进的右派的声音，就是被激进的左派给垄断。但赫尔曼·B.威尔斯以及他的前任校长——伟大的戴维·斯塔尔·乔丹任职期间的很多做法都凸显了一点，那就是大学校长应该努力教授重要的道德问题的课程。

乔丹和威尔斯对高等教育的持久影响，很大程度上都是由于他们认为受过教育的人们对社会负有责任。我们这些有幸追随他们脚步的后辈们必须努力践行这一理念，追逐伟大的梦想。

## 二、优秀的教师与教学

据说半个多世纪前,我从幼儿园回来时称我的老师为"妈妈",她是斯卡特古德夫人。如你所想,我的母亲不喜欢这种转变,后来她告诉我说从那时起她就知道我将成为一名教师。我不知道为什么这件事会让我母亲脑海里闪现对我未来的预测,但我知道,在对我的生活产生了深远影响的小部分老师中,斯卡特古德是第一位。从那时起,我就在老师的包围中度过我的职业生涯,我倾听老师们的意见,阅读他们的作品,钻研我自己的教学。

在印第安纳大学的第一年,我在印第安纳波利斯分校讲授一门关于法律和美国文化的本科课程。阅读材料中有马丁·路德·金的《伯明翰监狱来信》。在那份充满勇气与智慧的声明中,马丁·路德·金向几位南方神职人员解释了为什么他的良知不允许他做违反法律的事。为了激发同学们讨论,我问一名快三十岁的女学生,她能否想象自己会如此强烈地支持一项事业,以至于愿意为此入狱。她停顿了很久,然后说不能。又停顿了一会儿后,她解释说:"你看,我哥哥在监狱里,这就是我上学的原因。我不想进监狱,我不想最后像他那样。"

我的教学再次帮助我理解了我研究多年的作品。当学生给出这个答案时,我才领悟到马丁·路德·金作品的厚重。我从那个学生身上学到了东西,正如我从每一堂课的学生身上都能有所收获一样。我的学术工作得益于我的教学,正如我的教学得益于我的学术。我每教一门课,每写一篇文章、一本书时,都能感受到教学相长的力量。在我担任宾夕法尼亚大学教务长和印第安纳大学校长期间,我教过五门不同的课程,其中三门为本科课程,两门为法学专业课程。我从学生身上学到很多。

## 是什么造就了一位优秀的教师?

教学和研究往往是两极分化的——至少社会上是这样看的。但我要强调的是,教师在课堂上的优异表现系在研究和学术方面不断学习的结果,有了教师这样的行为榜样,学生们才能受益匪浅。优秀的教师本身必须是优秀的学习者,他们的教学质量取决于他们自己的学习。渴望超越既有知识去探索未知世界,愿意去尝试,敢于失败后再次尝试,专注于知识的提升,以及终身致力于此的耐心和决心——这些价值观更多的是言传身教而不是说教的结果。因此,事实一再证明,那些因为优秀的教学而备受尊敬的老师,往往又是在学术研究中表现优异、令人敬仰的老师。这些优秀的教师将探究的激情带进课堂,正是因为他们自己的研究工作处于前沿,他们也就能够在教学中融入创造性探索的前沿精神。

那么从优秀教师身上我们能概括出什么呢?在我的经验里,有一条箴言是,优秀的教师常常在抽象与具体之间来回转换。特殊和一般之间的交替可以迫使惯于实践的思想家去构思,也迫使长于理论的梦想家去实践。我这里主要关注那些在实验室、图书馆和教室之间来回穿梭的大学教师,他们在课堂上检验自己的发现,提问学生的过程也会对自己的研究工作有所启发。但是,我并不是说只有那些从事原创性研究工作的教师才能上好课。无论在物理还是哲学领域,一流的学术实际上有多种形式,不仅包括最基础、最抽象的研究,还包括应用研究,这类研究将理论付诸实践,将抽象的内容具体化。

所有领域的教师都必须做出特别的努力,与学生们一起重新构建、呈现他们所教的新发现。在理解一个观点的时候,学生往往要经历类似于最初的探究这样一个过程。倘若他们感知到这是一个新的观点,那么这个观点对他们来说就是新的。教师则需要循循善诱,一步步将他们引入这一新观点的发现过程中去,让他们体会发现的魅力。让学生们感受到毕达哥拉斯、伽利略、查尔斯·达尔文和玛丽·居里当年有新发现时一定也曾感受到的那种喜悦,这一点很重要。而早已踏上这一发现之旅的研究型教师则是他们最好的引导者。

对大多数大学教师来说,很容易,也很自然地在抽象和具体之间来回转换——从特殊到一般进行归纳,抑或是从一般到特殊进行演绎。我在法律领域的专业训练使我倾向于选择前者。事实上,过去的半个世纪里,教学领域所经历的一场大改革正源于法学院,即所谓的案例教学法。通过改变个案中的相关条件,学生们可以理解一系列不同条件下相关原则的适用性和不适用性。这一过程既富有挑战,又充满乐趣。案例教学法已被人类学和商学等多个学科采用。

值得指出的是,案例教学法的创始人——19世纪末担任哈佛法学院院长的克里斯托弗·哥伦布·兰德尔对该教学法的理论基础的看法，与当前大多数法学教师对此的看法大相径庭。兰德尔认为上诉法院的意见是法律学者的原始材料，要对其细细研究并找出其隐含的基本法律原则，就像科学家在实验室里检验化合物以确定其化学成分一样。而当今的法学教师认为他们为一些复杂问题找出最佳答案的过程，远不同于科学家的探索过程。但兰德尔开创的这种方法可以极好地帮助学生分析复杂的问题，并从他们的分析中归纳出结论来解决其他问题。

  另一方面，演绎方法则从抽象的原则出发，寻求找出具体的应用。在印第安纳大学，我教过一门关于伦理和职业的本科课程，在课上我们研究了不同领域的专业人士所面临的共同伦理困境。商业、医药、社会工作、新闻、法律、政府工作和教育等众多行业都涉及一个共同问题，即隐瞒和泄露机密的问题：什么时候不揭露真相甚至说谎是合乎道德的？一开始，我们学习了著名哲学家柏拉图、亚里士多德、洛克、康德等人的观点。他们的著作很难读懂，尤其是对不熟悉相关概念的学生来说。但是，当学生们写了一篇文章描述他们所面临的一个两难境地，即决定是否向父母或身边的人隐瞒秘密时，这些概念似乎变得鲜活起来。我让他们分析在这一困境中他们所感受到的"隐瞒与不隐瞒"两个方面的压力，然后按一套标准来组织他们的观点，用以指导他们在今后类似情况下的行为。对多数学生来说，他们告诉我，这是他们第一次停下来仔细审视自己过去和将来的行为。

## 有效教学的七个准则

  有效教学不能全靠单一的模式，也没有单一的模式可以定义所有的优秀教师,正所谓"教学有法,教无定法,贵在得法"。教学中学生的学习表现,教师和学生都有责任。但是优秀的教师不会纠结于谁来负责的问题,而是最大限度地激发学生的学习热情并依据他们最好的表现设立新的标准。当我问自己,什么是优秀的教师,如何描述优秀的教学时,答案是复杂的。但这些年来,我从一些老师和同事那里学到了一些有指导意义的见解。在此基础上,我提出了有效教学的以下原则:

首先,教学就是帮助学生学会自学。一位优秀的教师首先是一位好帮手。教师和学生在学习过程中共同努力,最好的教师能从学生的角度出发看问题,他们能够帮助学生重新进行伟大的发现和创造,阿尔伯特·爱因斯坦的也好,西尔维娅·普拉斯的也罢。如果一个人把教学工作看作帮助学生学习,而不是填鸭式地灌输知识,那么他就会发现最好的老师非常自律,时间观念很强,在课堂上能够收放自如,从而避免高谈阔论。正如我的一位朋友所说,太多的老师"自欺欺人般地传授着伟大的真理,却忽视了自己应该做的反倒是以更为有效的方式来教授简单的真理,当然要做到这般深入浅出要困难得多"。

第二,优秀的教师喜欢他们的学科。我认识的很多优秀教师,新学期第一堂课都紧张兮兮的,甚至接下来几周都这样,没有例外。他们很紧张,因为他们知道他们所教的学科多么令人兴奋,多么重要,给人带来了什么样的快乐。而要向学生传递那种兴奋、快乐以及那种发现新大陆的感觉并引起共鸣又是多大的挑战。优秀的教师感到不能胜任这项任务,因为他们知道这项任务的艰巨性。但是他们热爱它。最好的老师有点像舞台演员。他们不仅有兴趣和热情,而且认为他们的学生也如此。

噱头对老师没有什么实际帮助,但富有戏剧性的"杂耍"有时能帮助吸引学生的注意力。例如,一位法学教授在他的职业道德课程伊始,让学生为自己写一份讣告,希望有朝一日能刊登出来的那种。写的时候,学生必须想清楚,问问自己他们的道德追求是什么,从而了解他们想要如何被记住。

第三,高质量的教学要求牢牢掌握该学科的相关问题,但这并不意味着所有问题都已解决。不苟求于此意味着新问题的提出,优秀的教师希望学生带着满满的问题而不是答案离开教室。我们的工作不是打包事实,而是向学生展示如何提出问题,然后解决问题。如果教学仅仅是把教授知道的和想到的灌输给学生,那就不值得耗费精力了。教授所知道和思考的东西,在学生也了解它之前,并没有什么特别的价值,并且学生真正理解所学的内容不应该是因为有人告诉过他们,而应该是因为自己的探索发现。

一位优秀的教师如实说道:"学习是一个主动动词。学生的误区在于,很多人过分期待有人来教他们,这样他们就没必要去'主动'学习。教授的误区在于,很多人过于热情地向学生传授,往往一股脑儿地将自己所知道的全都告诉学生,他们误以为这就是教学。"

第四,教师必须根据学生的能力来调整他们的教学,正所谓"因材施教"。教师须培养我的一位前同事所说的"层级思维",须确保他们所讲授的内容与学生们当前的智力水平在同一层次上。

第五,教学是一个互动交流的过程,无论是在什么样的环境里——从大课堂到单独辅导。有些老师很擅长大班授课。有些老师则不看好四五百名学生一起上的大课,在他们看来多数学生看书的速度比老师讲课要快得多得多,而且理解得也更好。的确,我们看书的速度可能比我们听课快得多,但是多数学生阅读的效果并不如他们听课的效果,授课老师非常优秀的话,情况更是如此。

我最喜欢的一位大班授课的老师给学生布置了一系列问题回家思考,他说:"这样可以敦促学生回去重新建构和整合课程内容,并反馈出不同学生因为特定的背景而对课程内容有不同的理解。这一点我在课堂上做不到,学生自己读文献也做不到。"正如这位同事所写的那样,"教学就像埋下了许许多多的知识定时炸弹,连我们这些工兵都不知道它的导火索有多长"。结果,学生发现自己不仅在教室、图书馆或写论文时,甚至在吃午饭或看球赛时,都在思考这些问题。

第六,优秀的教师对学生的能力有很高的期望。他们对学生提出了很多硬性的要求,要求他们全力以赴。但是,他们也会小心翼翼地让学生知道他们的期望是什么,并做到公平公正。和我们一样,学生也希望得到别人的赏识,而优秀教师会对学生们所表达的观点真的感兴趣。正如一位优秀教师所言,"面对学生的回答要遵循这样的原则:学生对老师提问的回答都是很有趣的,哪怕有些跑题,也很有趣,没有例外"。

大多数大学,经常让学生对其所选修的课程进行评价。我花了很多时间阅读印第安纳大学、宾夕法尼亚大学和斯坦福大学的课程评价报告。这些评价中都提到了最普遍的一些标准:课程内容的组织、阅读作业的质量和课程相关度,以及教师为学生答疑等指导留出的时间。但在评价中最重要的、被最广泛提及的,无论正面或负面,都是教师对学生的态度。对大多数学生来说,如果他们相信他们的老师是真正对他们和他们的学习感兴趣,那么他们会非常愿意谅解老师的不足。如果缺乏这种品质,那么其他品质(包括老师的魅力)将不会为老师加分。

第七,最后一个,也是教学最重要的一个维度,即教学是探索"建立"联系的过程。现实世界中,问题并不是整齐划一地打包在一个个容器中然后贴上标签:政治学、社会学或历史学。优秀的教师会帮助学生整合知识,帮助他们在不同学科之间建立起联系。每个学科都为学生提供了一组可以洞察现实的透镜。学科知识的整合使学生了解他们在未来职业生涯和个人生活中将面临的多面性和复杂性。优秀的老师作为知识整合者在这一过程中发挥重要的指导作用。

这种指导作用最好的诠释就是全美大学教学奖获得者——印第安纳大学南本德分校的生物学教授桑德拉·温尼库的一席话:

> 我发现教授自然科学课程与教授人文科学课程面临不同的挑战。在科学课上,学生们期望自己能学到"绝对真理"。他们往往认为,科学是关于宇宙的一系列真理。但是我希望他们能悟到的是,科学是一个系统——一个观察和描述的系统、一个探索发现的系统。
>
> 我在课堂引入了价值观的分析,试图展示如何用科学的方法、技术和数据来学习面对和处理模糊性——从而让学生学着去质疑自己,而不是固守最初的想法。终身学习不只是一个知识积累的过程,更是一个将这些知识融入自己的世界

观和价值观的过程。

　　对我来说,教授科学课最具挑战的一个方面是探索并尝试如何用新的方法呈现既有的科学知识,并使之融入学生的世界观。特别是自从我接触了许多即将从事医学或健康相关行业的学生后,我发现对他们来说尤为重要的是,不仅要掌握知识,而且要了解这些知识是如何提出来的,这些数据有何局限性,新旧数据有何区别与联系。我期望我所有的学生都能学会以新的方式思考,理解准确性和模糊性是如何在同一行业中共存的,以及真正体会和理解"知识就是力量"这句话。

教师作为整合者的指导作用,我再怎么强调也不为过。结果整个教学过程中只有一小部分涉及信息的传播。尤其是在大学阶段,所教授的大部分信息在学生庆祝第五次班级聚会之前,都将是过时的。正如温尼库所建议的那样,教师不仅要鼓励学生思考,还要提供相应的框架引领他们思考——这种框架就像地图,将看似不相干的事实和数字联系起来。

　　另一个例子可能进一步印证我的观点。大学一年级时,我选了一门托马斯·S.库恩讲授的科学史课程。听他的课是我大学生涯中最令人兴奋的经历之一,因为库恩能够向学生传递出他对伽利略、牛顿和其他伟大发明者在他们的生活中所取得的成就的一种直接和个人的感受。后来库恩发表了一篇题为《科学革命的结构》的论文,在这篇文章中,他提出了一种新的理论来描述科学发现的方法。他认为,科学的进步是由一系列试图解释自然世界的"范式"或模型推动的,每一个模型都建立在后来被认为不够充分的早期模型之上。在接下来的十年里,许多诸如艺术史、人类学、文学批评以及很多其他学科的学者,都开始使用库恩的框架来研究自己的领域。那些借用库恩理论的学者之所以这么做,正是因为他们在寻求建立"学科"联系的方法,而库恩为他们提供了方法。回想一下孩子们玩的游戏,把一系列看似随机散落在一页纸上的数字连起来。当用线条将数字按顺序连接,数字就形成一个清晰的形状。库恩的理论不仅对物理科学,而且对许多其他领域也发挥了同样的作用。

几年前的一个周末,当世界上三位伟大的音乐家——小提琴家艾萨克·斯特恩、大提琴家马友友和钢琴家伊曼纽尔·艾克斯来到印第安纳大学演奏时,我对这个概念有了进一步的认识。音乐会结束后,我问艾克斯先生,他这乐器如何体现出卓越,因为并不像弦乐演奏者,所有的钢琴家都演奏相同的固定音符。他回答道:"不是音符,而是音符之间的联系。"

## 建立创造性联系

作为理性的传播者,教师的大部分工作是分析、理解以及传递有着紧密联系和创造性的行为。在科学技术方面,推动人类文明进步的伟大发现都是通过不懈而艰苦的探索,通过分析和推理取得的——但这些还不是取得发现的全部。伟大发现的背后总隐藏着一种创造性的想象行为,脑海中灵光一现,将所有的既有事实整合在一起,形成一个颠覆性的理论假设。用印第安纳大学杰出的物理学教授罗杰·牛顿(Roger Newton)的话说,"想象力、激情和想法在科学发展中所起的作用,至少与人类在其他创造性领域所起的作用一样重要"。科学的创造性时刻就像路标。随着知识的进步我们把它们抛在了后面,但如果没有它们,我们就不会有今天的成就,他们的重要贡献仍然存在。

创造力的这种持久的特质在人文领域甚至更为明晰。过去伟大的音乐、绘画和文学作品对我们今天的意义丝毫不亚于它们对过去那个时代的意义——而持久性也体现伟大。有时它们的意义甚至更大。例如,约翰·康斯特布尔在索尔兹伯里创作的一幅极其明亮的画作《水草地》,1830年被英国皇家艺术学院的一名评审斥为"肮脏的绿色之物"。在欧里庇德斯和莎士比亚的戏剧中以及在乔叟、华兹华斯和狄金森等诗人的作品中,我们仍在继续寻找不同层面的意义,我们在20世纪的个人经历会不断地丰富这些意义。

优秀的教师帮助学生理解思想和经历之间的联系,也正是这种联系让文学和艺术作品栩栩如生。或许每个人对美有不同的看法,不同的人对同一个事物的感知和感受也不一样。但是教育会让我们学会感知和感受。随着经验和知识的积累,学生的感知和判断能力会更加敏锐。他们发展了细细考察事物特质和意义的能力,由此更多姿多彩地去体验他们所处的环境。我们通常知道自己喜欢什么,但慢慢喜欢上我们所知道的事物这样一种经历着实令人兴奋。这应该是本科教育的核心。

此外,一位优秀的教师应尽力让学生能够亲身体会理性分析与直观认识之间的强有力的关系——创造性的联系。这些联系意味着,归根结底,在我们对人类思维的理解中,我们无法将科学家与创造性的艺术家、诗人与文学评论家、作曲家与表演艺术家及理论艺术家或者发明家与管理人员等完全区分开来。同样,我们应该鼓励学生在他们自己的生活中,不要把源自潜意识的直观认识同有意识的理性思考完全分开。无论从事何种工作,两者对充分开发利用他们的头脑都是必不可少的。

在这个碎片化的时代,我们尤其需要培养在不同观点之间架起桥梁的探究模式。寻找联系——部分与整体之间的联系——是推动知识进步的动力。随着我们理解的加深,我们对事物的观察也更深入,而这种深入不是割裂事物,而是寻求联系。受过教育的直观认识与创造性的联系感是我们的毕业生所需要的关键技能。因此,我们应该期望他们能够找出并理解他们所学知识的基本原则。老师和学生共同努力的结果,不应该是"耕种无人问津的荒僻土地"(用约翰·杜威的话来说),而是在他们身上体现出的一种联系意识,在知识领域与现实经历的交集中探寻哪些节点可能接触,哪些节点可能相互影响,以及哪些节点可能又具有普遍联系,最终将知识和经历结合在一起。

知识的进步主要取决于可能的触点以及具有普遍性的联系。这种进步在塑造大学学术结构的动态过程中朝着两个方向发展。知识的扩展,一方面强化了专业化进程;另一方面,又不断衍生出新的交叉学科,最终成为全新的领域。于是,在工程学、生物学、物理学和化学等不同学科的交叉研究中出现了全新的生物技术领域。在心理学、数学、哲学、计算机科学和语言学交叉研究中出现了全新的认知科学领域——研究我们是如何了解到我们所认识的事物。在社科领域,一个名为"博弈论"的新领域汇集了哲学、政治学、社会学、地理学、经济学和数学方面的专家,旨在开发出预测社会在特定情况下将如何行动或反应的模型。再看伦理学,曾经被狭义地界定为哲学的一个分支,如今涵盖了医学、法律、商业和公共事务等专业领域的一些最深层次的问题。研究型大学必须鼓励这种创新性结合的过程,允许新领域的创造性发展,并且必须促进跨领域的教学和研究之间的互动,从而产生大学不可或缺的创造力。

相应地,跨领域的互动也必须成为本科生和研究生教育的重点。在印第安纳大学的第一年,我们开始为整个大学进行全面的学术规划工作。最终制定的教学计划——我将在第五章中阐述——设计灵活,但重点仍然不变,即一系列基本的教育目标,包括夯实基本技能基础——写作、分析和计算、对当今世界各种文化的赏析、对物质世界的理解、对创造性的智力成果和艺术成果的理解和赏析,以及对人类行为的伦理含义的认识。教学计划的核心是寻求推动通识教育内在的统一观念和观点的新方法。我们的工作主要集中在探索教授通识教育课程的新方法上。

## 教学与通识教育

作为本科教育的基石,通识教育应该在学术研究的框架内解决知识的关联性和各个学科的整体地位问题,培养跨课程的批判性思维,而不是局限于特定学科的狭隘思维。通识教育常常被视为一个需要克服的障碍——通常是在本科的前两年——在通往对专业的更深层次理解的道路上。相反,如果设计得当,它应该融入整个本科的学习经历中,对专业学科的学生以及人文和科学专业的学生来说都是如此。专业教育和通识教育相互作用对我们学生的成长最为有利。也许让人倍感矛盾的是,他们的专业教育越专业化,通识教育的交织反而应该更广泛和深入。

通识教育往往被主要认为是人文和科学的领地。然而,在今天的大多数大学里——印第安纳大学就是这样一个例子——一半以上的本科生获得的是商业、教育、护理、体育或公共事务等专业领域的学位。这些学生需要在本科课程中接受大量的通识教育。因此,人文、科学教育与专业教育之间的密切合作必不可少。

然而,我有一种不安的感觉,全国范围内,人文、科学教育和专业教育正越来越疏远,慢慢开始只关注自己的一亩三分地。我在印第安纳大学的目标之一就是帮助扭转这种趋势——将专业学习和通识学习更紧密地联系起来,既要向内看,也要向外看。

对于人文和科学学科来说,这种向外看的观点可能意味着教师要特别注意分析和解释其专业领域的社会背景。尤其是在人文学科方面,目前的许多学术研究都是枯燥乏味的,与伟大的思想或伟大的文学作品中这些思想的表达都相去甚远。对于专业学科来说,向外看可能需要审视专业人员如何实践的现实情况,以及如何改进他们的实践。"相关性"这个词可能本该在20世纪60年代以后被禁止使用,但它在这里确实很有用。例如,文学研究与职业和个人生活中的意义及价值观息息相关。同样,商科和公共事务等专业领域的课程也丰富了文科生为从事各种职业做准备的社会意识。

大学以外的专业人士也越来越关注通识教育。例如,印第安纳注册会计师协会最近提议修改该州的会计法规。该法规当时规定,注册会计师必须接受会计学、工商管理、经济学等相关学科的教育,但对教育程度和相关科目的性质却没有具体说明。根据协会的提议,新法规要求注册会计师至少完成150个学时的大学教育,包括学士学位或更高的学位。对此,该协会给出了两大理由。第一,公众要求提高对注册会计师的问责标准,因此他们需要更多的教育。第二,我在这里引用原话:"21世纪的注册会计师需要广泛地接受包括数学、语言、历史、文学、物理和社会科学等学科的教育。"协会提议的额外学时要求并非在会计专业领域,而主要是在通识教育方面。

其他领域的专业人士也呼吁通过通识教育课程将通识学习和专业学习重新结合起来。我坚信,他们的担忧源于越来越多地认识到,无论在校内还是校外,美国职场的专业化导致许多学生专注于更小范围的教育。许多领域的职业要求已经削弱了追求通识课程学习的自由,也改变了学生对他们希望从教育中如何受益的看法。其结果是很多人受过专业培训,但受教育程度却很低。

细看注册会计师的例子,为什么一个会计师应该接受更广泛的教育呢?从高等教育的角度来看,这个问题听起来可能有些讽刺。通识教育本身就是有价值的,它是人们积累知识和增进理解的一个重要的基础。它使受过教育的人成长为一个能够享受思想和文化体验的完整的人——一个有很高的社会参与度的人,是公民,是朋友,也是父母,以及一个富有创造力的个体。

进一步回答这个问题——印第安纳注册会计师协会一定会考虑到——更多的通识教育可以造就更好的会计师。深入理解我们生活和工作所处的更广泛的社会环境的能力、看得到相互联系和相互依存关系并将个人行为置于社会环境中的灵活运用知识的能力,以及口头和书面交流的能力——所有这些都是职业生涯中至关重要的优势。随着社会愈加复杂,我们必须理解和处理更多的新问题,这些能力也就日渐成为必备的技能。注册会计师协会寻求改变的这种教育狭隘性,可能也助推了20世纪80年代出现的"个人优先"浪潮,在那些制造储贷危机和垃圾债券危机的另类"英雄"身上体现得淋漓尽致。他们不过是利欲熏心,想要为自己捞更大的好处,越多越好,可以不择手段,不惜一切代价。

## 价值观,我们能教吗?

正如那些受过良好教育的另类"英雄"所证明的那样,仅靠学术培训,仅靠知识,仅靠智力,都不能保证一个好的生活。大学教育提供知识,挑战并激发智力,确保为从事各种职业奠定基本技能和专业训练的基础。但我坚信,大学要想成功地发挥其核心功能,还有很多工作要做:帮助下个世纪即将肩负国家建设重任的青年们做好准备。

美国高校曾经视自己为代理家长,负责引领和监督学生的行为和道德品质。20世纪60年代的动荡改变了这一看法,也改变了许多其他方面,其实我并不主张高校重新回到过去。正如赫尔曼·B.威尔斯在其著作《做个幸运儿》中所说:"知识的殿堂本质上是唯命不遵的。一个人不能控制精神,不能控制学习,不能控制一种氛围,但他可以为培育这些而做出贡献。"

本科教育应该有助于培养我们的学生。它应该提供一种氛围,鼓励他们审视自己的价值观——这些价值观决定了他们如何看待自己,以及他们与周围人的关系。如果我们能够正确地做好我们的工作,我们就能帮助培养他们的精神品质和性格特质,从而让他们能够更好地成为社会中积极的一分子。

有人认为,在大学教授价值观已经太晚了。有人认为,如果家庭、教会以及前期教育没有成功塑造一个人的道德品质,那么大学教育也起不了多大作用。我反对。但是我们怎样才能最好地教授价值观呢?在我看来,方法多种多样。许多学生,尤其是那些刚从高中毕业的学生,来到大学时都认为,大多数问题都有一个正确的答案或一些错误的答案。这在试卷答题上是正确的,但在我们的个人和工作生活中,我们遇到的复杂问题中几乎没有一个有如此简单明了的答案。当学生们第一次面临这类问题时,一个常见的反应是假设没有确定的答案,认为每件事都是相对的。这种反应也是错误的,甚至是危险的,本科教育的一个重要部分应该是具备运用道德判断处理复杂问题的能力。

对于普通年龄段的学生来说,大学是一个从青春期向成人期过渡的时期。对于年龄较大的学生(其中许多人有家庭,在兼职工作)来说,进入(或返回)大学通常伴随着一个不同的转变:离婚或失业。对于所有年龄段的学生来说,大学经历应该给我们的观念、态度和先入之见带来严峻的挑战。它应该迫使我们正视与我们截然不同的人的价值观。这些碰撞是本科教育中富有创造性的一部分。它们帮助我们接受自己的价值观,评估、肯定或重申伴随我们成长的道德和宗教传统。

在印第安纳大学的这些年里,我受到鼓舞,也开始思考作为教师,我们希望本科教育能够培养学生什么样的精神品质和性格特质,这些品质将帮助学生在社会中占据一席之地,并按照我们所期望的方式为社会做出应有的贡献,他们可都是受过高等教育的青年男女。我想到了用七种品质来描述这些个人而非学术的教育目标,尽管这些品质远不止七种。

第一种品质是开明的自尊。没有自尊——一种对我们的优势和不足的认知,我们就不会有坚定信念的勇气。这一刻也许会到来,或者一生中会有几个这样的时刻,那时这种勇气会带来巨大的改变——尽管我们的信念有时确实需要改变。如果不理解和接受自己的不足,我们评判他人和看待自己可能会过于苛刻。自信而不自大,自信但也愿意承认错误,是我们期望毕业生应有的举止。本科教育的首要目标应该是培养自我悦纳。如果我们不喜欢自己的陪伴,很难想象其他人会喜欢。

第二个目标最好与第一个目标结合起来:乐意为他人服务。我经常听到学生和校友们评论说,他们在帮助别人时感到最快乐。没有一所大学提供关于奉献的课程。但是许多大学都提供各种各样的机会,通过志愿服务来培养奉献精神。我坚信志愿服务反映了我们社会的核心价值观,这些价值观具有鲜明的美国特色。体验志愿服务的机会——作为课程以及课外任务的一部分——是全国高等教育需要加强的一个方面。我将在第四章中详细阐述服务。

第三种重要品质是认同并接受多样性。例如,印第安纳大学的许多学生来自比他们就读校区的学生人数还要少的小镇。在印第安纳大学布鲁明顿分校,学生公寓大厅里的学生人数甚至比他们家乡人口还多。在他们的家乡,多样性可能仅仅意味着同一教会的不同派别。而在印第安纳大学这样的重点大学,多样性意味着不同的种族和宗教,不同的民族、社会、政治和经济背景。尤其是,逐渐去了解少数族裔教师、职工和同学,无论对少数族裔学生,还是对非少数族裔学生来说,都非常重要。毕业之时,他们也将与不同于自己的人一起工作。我们希望他们从他们的教育中理解,我们认同并接受多样性,我们珍视他人因其才能带来的共同福祉,我们的社会才是积极向上、文明健康的。

第四种关键品质是立志为实现社会更大的目标而努力奋斗。领导力一个重要的特征就是全身心致力于实现超越个人利益或狭隘群体利益的更加宏伟的社会目标。大学教育应该帮助学生更广泛地了解他们所生活的社会,以及我们在全球社会中所处的地位。印第安纳大学一位研究近代中国的政治学教授让·鲁滨孙这样说道:

> 我教学的一个目标是鼓励学生思考民主意味着什么。当学生们了解其他国家时,他们会被要求进行比较,并开始询问自己民主对他们来说意味着什么:民主是如何运作的?如何才能更好地运作?即使是只选修一门国际主题课程的学生,这门课也有可能改变他们自己作为公民的思维方式。

教育的第五个目标应该是帮助学生培养强烈的动机,促使他们朝着自己的目标、工作领域和社会的目标去努力。动机意味着愿意再往前走一千米。它意味着愿意将我们所有的能力投入到手头的工作中,也不管是干什么。没有一所大学开设动机方面的课程,但是课堂的要求以及来自优秀教师和同学们的挑战,应该会帮助激发学生拥有强烈的动机。

教育的第六个目标应该是培养学生对世界的丰富多彩保持终生的好奇心。当今世界知识在不断地向各个方向扩展。这种好奇心对于毕业生拥有适应不断变化的世界所需的灵活性至关重要。许多商界领袖使我相信,我们唯一可以期待的不变就是改变。我们必须让我们的毕业生做好准备,使他们能够在本质不断变化的环境中有效地生活和工作。

　　最后但同样重要的是,要相信个人有能力产生影响。我们的社会如此复杂,我们很容易退缩到自己的小窝,静静地待在那里。有时候很难相信,我们作为个体所做的事情会产生真正而持久的影响。但这正是我所相信的。在印第安纳大学内外和我一起工作过的成千上万的同事们确实带来了影响。这些精神品质和性格特质必须与个人的正直及融合仁慈的正义感相结合——真正的领导者所特有的品质。如果我们的毕业生带着让他人幸福的承诺,他们的学习以及我们的教学很有可能对社会产生持久的影响。

# 三、研究不是一个禁忌词

最近我经常听到这样的说法,重点大学应该少做研究。一些评论家呼吁要更加重视教学。另一些人在谈到研究时,就好像是那些宽纵自我的教师们的一种消遣。但研究对于大学及其所服务的社会来说都是至关重要的。学习是大学的首要任务——不仅包括学生在教室和实验室学习,还包括教师通过研究学习。研究有助于教学,同时也有助于知识的进步。

当我还是埃克塞特学院的一名学生时,在完成一个美国历史项目的过程中,我第一次感受到对原创学术的兴奋。在我的老师科林·欧文的帮助下,我选择了撰写关于马萨诸塞州一位名叫阿布纳·尼兰的牧师的论文,他在19世纪初从信仰基督教转向信仰泛神论。尼兰是美国最后一个被审判并被判为亵渎神明罪的人。对他的审判是我研究的重点,我花了几周时间研究那个时期波士顿的报纸和马萨诸塞州档案馆保存的文件。通过这些努力,我感受到一种正亲身体验发生在他们那种文化背景下的历史事件的感觉。

通过准备这篇论文也让我意识到,在做研究的过程中,学者们可能会对自己有更多的了解。作为一个在波士顿长大的犹太人,我思考了我该如何应对一项旨在推广基督教并将不信教的人关进监狱的法规。我还想到了当时新成立的以色列,它的法律使犹太教成为国教。在分析发生在尼兰身上的事情和原因的过程中,我有了一个意想不到的机会去思考这些个人问题。

这篇论文还获奖了,奖品为三本历史书籍,至今我还保留着这三本书。我自然感到有必要读一读,它们使我对学术的理解达到了顶峰。卡尔·贝克尔的《独立宣言》尤其让我印象深刻,它让我第一次认识了思想史,并认识到时不时读一读、评一评经典作品和历史事件非常重要。《独立宣言》对我来说有着特殊的意义,因为1943年那年我母亲曾努力修复文件上的一个裂口。她是修复纸上作品的专家,国家档案馆要求她秘密修复这份宣言,然后将其保存在诺克斯堡。母亲在纸张和油墨,以及在不同的历史时期如何制作这些原料等方面拥有很扎实的专业知识。总之,她是个学者。那时我九岁了,我对这个项目感到非常兴奋,尤其是因为联邦调查局的特工来接她并且在她工作时也一直在她旁边。我唯一的遗憾是我不能向同学们夸耀母亲的工作。

## "甜蜜而又可怕的完整生活"

我早期的教育主要得益于在科林·欧文指导下的研究工作,以及同后来在大学和法学院遇到的优秀老师一起共事的经历。这一教育过程仍在继续,担任院长、教务长和校长的特殊乐趣之一,就是不断有机会获得杰出导师的指导。我最喜欢的导师之一,也是我多年的朋友,是民俗学院的教授亨利·格拉西。我在宾夕法尼亚大学担任教务长时,格拉西在那里教书。我担任印第

## 三、研究不是一个禁忌词

安纳大学校长后不久,他回到了印第安纳大学——他的第一个学术故乡。他代表了一位真正伟大学者的特殊实力,因为他将许多不同领域的见解汇集到一起。这是一个传统学科似乎正在细化为越来越窄的专业学科的时代。格拉西是扭转这一趋势的天才,他将许多不同领域的各个部分结合起来,来反映复杂的社会结构。

在他职业生涯的早期,格拉西在爱尔兰的一个小社区里度过了七年,为了了解那里的人们,学习他们如何用故事、歌曲和手工艺来表达他们的生活。他在那里停留的主要成果是一项关于研究、学术和洞察力的重要作品,即《在巴利梅农度过的时光》。在这本书的序言中,格拉西描述了他的研究方法:

> 我们必须有比破坏经验更高的要求来整合我们的学科,来推进我们的事业。在与学术惯例的斗争中,在与温和智慧的老人和平相处中,我利用我的学科——民俗学的综合优势,形成了一个研究人类的统一范式。它的基础是个人、社会和世界的显而易见的现实。它的主旨是,我们所称的民俗(或艺术、交流)是我们所称的文化的核心事实,而文化是我们所称的历史的核心事实,无论我们给自己的学科起什么名字,是人类作为历史的推动力,创造了我们研究的现象。我们有一项事业……当学科僵化成意识形态,类别僵化成事实时,研究就会被扭曲,现实就会被曲解,而那甜蜜却又可怕的完整生活也将被肢解埋葬。
>
> 合理地讲,研究始于分工,始于人们对传统经济学的接受,但如果分工是好的,旧的类别就会转移和改变,然后随着

我们发现社会科学与人文学科的融合之处、艺术与文化和历史的融合之处、时间与空间的融合之处、理论研究与实证研究的融合之处，旧的类别会逐渐消失。

《在巴利梅农度过的时光》——将近一千页的文字——配有很多格拉西自己画的插图和他自己拍的照片。1993年，格拉西完成了另一部伟大的作品《今日土耳其传统艺术》。在十多年的时间里，他自学了土耳其艺术的卓越之处。就像格拉西所有的学术成就一样，这部作品也涉及他的整个人生经历。他学习土耳其语，在土耳其社区生活了好几个月，了解了工匠和他们的艺术。正如他写的：

> 我的工作和生活是密不可分的。我和妻子、小女儿定居在伊斯坦布尔西南部的科卡穆斯塔法萨，那里住着许多工匠。1984和1985年我在此长住过，1986年回来两次，1987年一次，1989年两次，1990和1991年各回来一次。通常都是家人陪我一起回来，一次是父亲和我，其他几次是老伙伴们一起……
>
> 土耳其给我们留下了深刻和积极的印象。我的研究丰富了我的生活，并使我结交了终生的朋友。愤世嫉俗的人会向后退缩，但实地调查研究最重要的结果是，它证明了人类可以在地球上相遇并在情感上找到统一，尽管他们之间存在着明显的差异。

作为印第安纳大学的校长，在格拉西等这样的导师们的帮助下,我在很多不同的领域都获得了良好的教育。在高等教育史上,各主要研究型大学的学术范围非常广泛,并且一直在稳步增长。例如,百年前,印第安纳大学只在10个专业领域授予本科学位,而现在有320个。

## 大学是研究者的"避难所"

大卫·斯塔尔·乔丹是拓宽美国高等教育范围的主要推动者,在1885年他成为印第安纳大学的校长。作为生物学教授和世界著名的鱼类研究专家,乔丹当时33岁,是有史以来印第安纳大学最年轻的校长,也是第一位担任校长的科学家。出任校长后,乔丹立即在课程设置方面进行了开拓性的创新,从全国各地聘请了杰出的年轻教师,并鼓励科学研究,这在当时的大学里是并不寻常的一项举措。他还继续进行教学。1888年春天的一个学期,他讲授矿物学、脊椎动物学、鱼类学、挪威语,还有他声称是世界上第一个专门讲授达尔文进化论的课程,要知道该理论在当时是非常不受欢迎的。

最近,我重新翻阅了乔丹的一本书,那是几年前一位朋友送给我的,他知道乔丹是我心中的一个英雄。这本名为《人类的关怀与文化》的书中收录了一篇写于1892年的论文——《科学与学院》。乔丹描述了当时发生在美国高等教育中的转变:

> 我清楚地记得,二十年前,当我为博物学家和大学教授这两种职业努力准备时,我才发现这两种职业毫无关联。
> 
> 那时候的大学课程导致没有自由的氛围,主要包括呆板

语言的语法,以及死记硬背一些将逻辑应用于数字和空间的结果……研究人员与大学体系毫无关系,或者,如果他勉强在大学里找到一席之地,他的时间就会花在其他事情上,而不是用来推进科学发展。在欧洲和美国,到处都有热衷于科学研究的人。但是,十有八九,这些人都在大学之外。

乔丹谈到要逐步"放松课程链",允许开发新课程,并使大学"缓慢而勉强"地接受,这些课程对科学和其他领域的研究是有价值的,而这些以前均被视为与学术领域毫不相关。他清楚地看到了美国的学院和大学在教育和知识进步方面需要坚持的方向:

> 大学应该是知识终极边界上的避难所,每天、每周都有探险队从这里出发,踏上探索之旅……同一个避难所和补给屋将为一千多个不同的探险队服务,他们向四面八方移动,进入无垠的海洋。如果有一天,任何一个有可能成为探险家的人被迫改行,那将是一种损失,也是一种犯罪。即使到那时,教育和科学经过无数年的发展,真正的大学仍将屹立在边界上,它的墙壁仍将被同样的汪洋大海冲刷着,那是人类知识的无垠海洋。

作为一个避难所,印第安纳大学过去和现在都为杰出的探险家提供支持。早些年,有四位诺贝尔奖得主的职业生涯都与印第安纳大学有着密切的联系。第一位是赫尔曼·马勒,他是印第安纳大学的遗传学家,1946年获得诺贝尔生理学或医学奖。萨尔瓦多·卢里亚,于1969年获得诺贝尔生理学或医学奖,早在20

世纪 40 年代就作为一名年轻的生物学教授开始了他在印第安纳大学的教学生涯。雷纳托·杜尔贝科，于 1975 年获得诺贝尔生理学或医学奖，同样早在 1947 年从意大利移民美国时就来到印第安纳大学，这里可是他的第一个学术故乡。

第四位诺贝尔奖得主詹姆斯·沃森因其在发现 DNA 结构方面的贡献而享誉世界，DNA 结构是现代分子生物学革命的关键。1962 年，沃森与弗朗西斯·克里克和莫里斯·威尔金斯一起获得诺贝尔生理学或医学奖，那年他 34 岁。1950 年，他在印第安纳大学获得了生物学博士学位，22 岁时完成了博士论文。

而沃森在印第安纳大学的时候就认识杜尔贝科，并在马勒和卢里亚的指导下学习。他也是特雷西·索内伯恩的学生，特雷西·索内伯恩是美国国家科学院的成员，当时也是生物科学系主任。索内伯恩曾经讲过沃森在课堂上坐在班级里却一字不记的情况。"沃森上课从来不记笔记，"索内伯恩说，"他只是参考出版物。然后去图书馆阅读手头上所有关于这个主题的可用资料。"

这些杰出的生物科学家是由研究生院院长费尔南德斯·佩恩和校长赫尔曼·B. 威尔斯带到印第安纳大学的，他们很擅长为印第安纳大学招揽杰出人才。从 1937 年至 1962 年，威尔斯担任印第安纳大学校长长达 25 年之久，见证了美国大学积极地向大卫·斯塔尔·乔丹所预言的知识进步的方向发展。凭借他预见成功机遇的非凡能力，威尔斯确保了他从世界各地招募的学者能够在印第安纳大学找到一种培养成就感的环境。在《做个幸运儿》一书中，他表达了研究是大学的中心的观点：

> 从婴儿时期起，我们就在寻求了解我们周围许多事物的

内容、地点、原因和时间。研究是这种探索高度专业化、复杂化后所呈现的形式。大学不仅要向学生提炼过去和现在的答案,更重要的是,大学还必须鼓励新的、更广泛的、更深入的探索,以增进我们自己和我们周围世界的知识。

## 关于研究的大规模辩论

近几年来,出现了大量猛烈抨击各大高校的书籍和文章,尤其是在它们对科研工作的重视这方面。一个典型的例子是马丁·安德森的《圣殿里的冒名顶替者》。安德森提出了许多指控,但以下这段话总结了他对大学研究的看法:

> 学术知识分子的肮脏秘密是,作为他们所能展现的最高级的表达形式,他们所写的对自己和对世界其他人所持的观点的文字,在很大程度上是无关紧要的、微不足道的……总的来说,学术研究和写作是 20 世纪最大的学术欺诈。

还有许多人赞同安德森的观点,认为除了在一些学者的封闭世界,大学研究与其他任何事情都无关。他写的有些道理。一部分学术研究成果枯燥而抽象,除了一小部分学者之外,没有人感兴趣。这一现实尤其令我感到不安的是在非卫生专业院校的学术研究中——商业、法律、社会工作和公共管理是最好的例子。这些院校的主要职责是培养专业人才,人们期望,这些学校的教师所做的大多数研究将集中在这些职业所面临的难题上。这些学科的一些教师正是这样做的——他们为该领域的从业者撰写分析报告。但大多数人没有这样做,而那些这样做的人往往被视为轻量级的学者。这种现象并不新鲜,但我的感觉是,自我开始从事大学教学以来的几十年里,这种现象一直在增加。

随着州立法代表(包括印第安纳州的议员以及国会议员)情绪的转变——他们可代表着公众的情绪,类似安德森这样的攻击也就越来越多。在印第安纳大学的这些年里,我从未听到过印第安纳州议员对研究有极大的热情。当我强调大学研究的优势时,他们礼貌地表示关注,但只有少数人清楚地看到大学研究对一个州经济发展的重要性。

如何衡量这种重要性呢?美国国家研究委员会估计,每一美元大学研究经费中有45美分用于支付本不存在的工作岗位的工资。美国大学协会利用美国商务部的信息,与美国国家科学基金会合作做了一项研究。该研究报告称,每100万美元的大学研究经费,将直接或间接地在大型经济实体中创造大约40个就业岗位。1988年至1993年五年间,印第安纳大学获得的外部捐赠和合约款项平均每年增加近1300万美元。因此,根据美国大学协会的研究,这笔资金每年创造了500多个新的就业机会。同样,根据这项研究的内容,印第安纳大学1993年获得的1.7亿美元赠款和合约提供了6000多个就业机会,这是这些资金产生的部分影响。

这种重要性还体现在更多方面。大学研究经常以直接的或通过咨询、协助以及与各行业共同努力的方式,带来新技术和新产品。例如,印第安纳大学分子和细胞生物学研究所每年向大约60家公司提供信息与支持。其中11家公司目前参与了该研究所的合作研究项目。1993年,该研究所的教员通过这样一个合作项目开发了新产品,被评为世界上100项研究和开发成就之一。这种被称为"细胞阻断系统"的产品,在医学、农业研究和其他基因分析领域有着广泛的用途,目前正由印第安纳州的一家公司生产并远销国外。

这类例子在其他重点研究型大学也不断增多。几年前,美国国家科学基金会指出,过去20年里,美国在数学、化学、天文学和地球科学方面取得了85项重大学术进展。根据国家科学基金会的数据,这85项研究成果中,有60项是由大学里的科学家完成的,约占70%。其他有关科研与经济发展之间关系的研究表明,在过去半个世纪里,知识进步约占美国国民总收入增长的30%。从许多方面来看,支持研究是我们国家未来的一项重要投资。

当然,从研究发现到实际应用的道路往往模糊不清,很少是明确的。正如作家兼生物学家刘易斯·托马斯提醒我们的那样,我们经过半个世纪的不懈努力才认识到传染病的病因。只有当这项工作完成后,医学才能达到为青霉素、链霉素和其他救生药物的发展开辟道路的认识水平。托马斯写道:"如果没有这些艰苦的努力,研发抗生素将毫无头绪可言。"

今天的奇特研究,如对夸克和反夸克的研究,似乎与紧迫的社会问题相距甚远。但是150年前,对电的研究也被认为是一个奇特的话题。仅仅在这一代之前,对原子内部的研究似乎还只是纯粹的学术兴趣。然而,这种学术兴趣促成了医学上的新诊断技术、食品杀菌的新方法,以及日常产品的新材料,包括为家用电脑供电的芯片——仅举几个高能物理学先驱研究人员无法预见的结果。因此,大学必须注意保护研究项目,并资助那些现在被认为对产业、政府或公众没有直接利益的领域的研究。今天深奥难解的探求可能会成为明天的成就,而它们的价值一旦显现,可能确实是非常巨大的。

## 自由地探索问题

大学有一个重要的责任,那就是培养独立思考的能力,并时刻准备着对促成进步和创新的假设提出质疑。仅仅因为一个问题看起来很重要,而不是因为这个问题的答案是否存在,更不用说这个答案是否会对社会有直接的好处,就有探索这个问题的自由,这是发现和产生新认识的一个重要因素。这种自由在大学环境中应该受到保护。多年来,我在科学和其他领域的同事们经常告诉我,他们最伟大的成就是在他们最不确定自己工作的结果可能是什么的时候取得的。用印第安纳大学物理学教授兼研究副校长乔治·沃克的话说:

> 我们必须认识到,为了确保长期的活力和产出能力,研究系统需要有短期的低效期。虽然大学确实需要对社会产生更大的影响,需要从整体上看待问题,但这并不意味着我们应该有一个联邦机构来设定研究的优先次序。伟大的突破来自那些可以听到不同声音的人——如果你只允许一种论调,这些突破可能会被扼杀。我们必须谨慎地为那些与我们截然不同的人留出空间和机会。

斯图尔特·穆夫森是印第安纳大学布鲁明顿分校天文学系

的系主任,也是天体物理学的国际研究员。最近在一次谈话中,他在描述自己的工作时也谈到了这一点:

> 当我早上起床去上班的时候,我通常不会想,我今天要做什么与社会有关的事情。但我确实经常被问到这样的问题:"你所做的事情有什么好处?"
>
> 就我个人而言,当开始理解宇宙运行之谜,哪怕只是一小部分,我都会感到极大的满足。对我来说,发现事物是如何运作的是很重要的:宇宙是如何运作的,原子是如何运作的,恒星是如何运作的。此外,努力去理解这些内容可以带来有益于社会的进步。研究和技术确实是共生的:很难想象没有科学,技术如何进步,或者没有技术,科学如何发展。我们采用先进的技术,利用它来推动下一步的理解。然后这一步通常意味着有人有了新的发现,可以带来更先进的技术,社会在其他方面也可以使用这项技术。
>
> 我重点研究在恒星中心发生的高能相互作用的证据。我们正在寻找的物质之一是一种叫作中微子的粒子,它是由这些相互作用产生的。这些粒子具有极高的能量,可以向我们揭示为恒星提供动力的难以想象的能量来源。它们还可能帮助我们找到天体物理学中一个长期存在的问题的答案——宇宙的暗物质。宇宙里至少有90%的东西无法解释:我们能探测到引力效应,但却看不到它。我们能够看到这种暗物质的一种可能的方法是捕获那些暗物质粒子(无论它们是什么)与其他暗物质粒子碰撞时产生的碎片。许多人认为这些碎片中将包含中微子。

## 三、研究不是一个禁忌词

要找到这些异常困难的问题的答案,我们必须把技术推向绝对极限。通过这样的推动,新的发现产生,新的技术也随之而来。我不能保证我所做的事情会直接带来这样的好处,但我认为它会——不是通过我个人,而是通过我和其他天文学家所做的工作。

正如穆夫森所言,解决谜题是科学的基本魅力所在。1993年夏天,在世界各地传来的坏消息和好消息中,有一条令人吃惊——不管怎么说,这条消息引起了头版的关注和大众的兴趣:一位名叫安德鲁·怀尔斯的年轻英国数学家,解开了有着350年历史的叫作"费马最后定理"的数学难题。为概率论奠定基础的17世纪学者皮埃尔·德·费马声称,尽管存在 $A^2+B^2=C^2$ 的解,如 $3^2+4^2=5^2$,但对于平方以上的幂次,在使用整数时不存在解。因此,不管用什么整数,$A^3+B^3=C^3$ 都没有解,$A^4+B^4=C^4$ 也没有解,如此类推,直到无穷。怀尔斯用了两百页的篇幅来解释证明费马是对的。

值得注意的是,不仅是数学家,就连外行人也被怀尔斯的成就和费马的谜题所吸引。科学,甚至深奥的科学,使我们受困其中。我们生活在一个科学的世界。我们的世界观、我们对自己和宇宙的看法,是由20世纪革命性的发现所塑造的,也是由一种令人兴奋的想法所塑造的,即人类有能力去发现,能够用心灵的眼睛去观察最深邃的空间以及最遥远的时代。

实验数学和计算机建模是知识快速发展的关键因素。它们使研究人员能够进入恒星内部,站在宇宙诞生的地方,就像在星际飞船上一样,大胆地前往其他不可能的地方。但是,对科学家和非科学家来说，最引人注目和最深刻的或许是认识到宇宙中隐藏的规律是理性的规律，并且我们可以通过数学逻辑来理解这些规律——我们的大脑具备这种逻辑能力，因此能够理解宇宙。

正如我们通过科学的不断扩散的镜头所感知到的那样，我们所生活的空间随着我们使用这些镜头的能力而扩张。我们不再只是仰望夜空，而是向外看，从恒星到星系，再到外层聚集的暗物质。我们不再只是向内看原子，而是往更深处看，从中子到夸克，再到携带核力量且持续时间极短的粒子，它可以把所有的东西都聚集在一起。更重要的是，这些巨大和微小的不同维度有着惊人的相似之处：正如英国伟大的天文学家詹姆斯·詹斯爵士所言，"从某种意义上说，原子的秘密结构同样以恒星为直径地体现在天空中"。

这些新的想象告诉我们，大多数事情比它们看起来要复杂得多。然而，矛盾的是，它们也以我们人类渴望寻找的新方式满足了我们，无论在任何可能的地方，都保持着统一、有序和简单。统一的理想和科学本身一样古老。我们离"大统一理论"（物理学家希望该理论能证明引力、电磁力、强核力和弱核力只是一种力的不同面）的目标仍然遥不可及，但似乎已经更接近了。

我对最近的一种新发现以及似乎来自一个不可能的源头的宇宙统一性特别着迷：混沌。在过去的几年里，在生物学、经济学、数学、气象学和其他领域互不相识的研究人员使用高性能计算机进行分析，从高度复杂、随机和混乱的数据中发现了意想不到的有序模式。更不寻常的是，无论数据是什么，从棉花价格到气候模式，从液体和金属的过渡状态到动物种群数量的波动等等，这些模式都是相同的。

混沌理论这一新领域是从这些发现中产生的,一旦研究人员聚在一起,假设模式形成的规律是普遍的,不同的复杂系统遵循一些相同的简单定律,而这些定律反过来又会产生不同的复杂系统——秩序和混沌的无限复制会从另一个系统中无穷无尽地显现出来。换句话说,不管看上去多么混乱,只要你退得足够远,你就会找到秩序。作为一名管理人员,我认为这种想法是令人宽慰的。

同大多数普通人一样,我还发现当代科学的许多想法难以理解。但是,我们并不孤单。即使是专家也发现,当他们得出最彻底的结论时,这些新想法也难以理解。物理学家斯蒂芬·霍金在《时间简史》中写道:"构建数学模型的一般科学方法,无法回答为什么应该把宇宙作为模型来描述。为什么宇宙要克服这么多的麻烦以获取存在?"

"到目前为止,"霍金写道,"大多数科学家都忙于发展新的理论来描述宇宙是什么从而提出为什么的问题。另一方面,问为什么是哲学家的职责,而哲学家们却跟不上科学理论的进步。"

新的一系列无法回答或可能无法回答的问题,都源自"科学理论的进步"——不仅是为什么的问题,而且包括如何的问题。例如,如何在有限的空间内容纳无限多的轨迹,就像在某些连续的循环模式中发生的那样?两个互相矛盾的陈述如何能够都是真实的,就像数学可以证明的那样?一个事件发生的过程如何取决于它的后续测量,就像我们在粒子物理学中所发现的那样?诺贝尔物理学奖得主理查德·费曼曾在一次演讲开始时对听众说:"我想我可以确定地说,没有人理解量子力学。如果可能的话,不要老是对自己说:'怎么会那样呢?'没人知道怎么会那样。"詹姆斯·詹斯爵士在《天文学与宇宙科学》的结尾问道：

> 在我们目前对空间和时间的解释中，如果有什么是我们能够理解的，那么物质的大量积累似乎只是为了毁灭自己而创造的，这意味着什么呢？如果我们的解释是正确的，生命与宇宙的关系是什么，它只能占据这么小的一个角落吗？如果可能的话，我们和遥远的星云有什么关系呢？因为除了光能在一亿年内在它们和我们之间传播外，肯定还有一些更直接的联系。是它们巨大的、无法理解的质量，更接近于代表宇宙的主要终极现实，还是我们更接近呢？我们只是和它们一样是同一幅画的一部分吗？或者我们有可能是创作者的一部分吗？

研究无法回答这些问题。然而，研究确实在帮助我们思考它们，并以新的方式去思考。同时，在大卫·斯塔尔·乔丹所说的在"人类知识的无限海洋"上航行的过程中，科学回答它所能回答的各种问题的能力可能是无限的。

这让我回想起通常研究在大学里的作用。思想史远非井然有序。有时，一个拼图必须通过许多不同领域的碎片来拼凑——也许来自很久以前获得的知识，但很晚才被理解——这样最终才能形成一幅引人注目的新画面。研究的跨学科性越来越强，这意味着合作的作用比以往任何时候都更重要——大学则是最佳的合作场所。这些益处是显而易见的，例如，可以表达和理解语言的计算机的发展，如果没有心理学在表达和理解语言的研究中所获得的深刻认识，这种发展是不可能发生的。再举一个例子，化学上关于激活人类基因机制的基础研究可以直接应用于医学上癌症和其他遗传疾病的研究。多学科研究机构是重点大学未来发展的方向，是促进这些日益重要的相互作用的关键。

最近，印第安纳大学与普渡大学印第安纳波利斯联合分校理学院的化学教授雷马·拉尔特的著作生动地向我展示了这些联系。在她的研究中，拉尔特从混沌新理论的角度来分析生化系统。在这里，她描述了她用混沌理论进行研究的发现：

> 我正在研究一种植物中发生的不寻常的化学反应的计算机模型。一般来说，化学反应会从一组化学物质开始，然后顺利地将它们转化为一组最终的化学物质。但这种反应是不同的。它会先开始向结果转化，然后它会返回来，一遍又一遍地来回反复转变。
>
> 当我建立一个计算机化的数学反应模型时，这个模型显示出一大堆非常复杂的图案。它们是美丽而有规律的图案，但我根本看不出它们之间有什么联系。我开始每天晚上在实验室待到午夜，早上6点起床，然后回来，尝试着弄清楚答案。我完全被迷住了，因为我知道那里有东西，但我看不到它是什么。
>
> 我想我快要放弃的时候，有件事——我至今仍不知道是什么——让我想起几年前有人寄给我的一篇关于数学的研究文章。我在一个抽屉里找到了这篇文章，插图里的图案和我发现的一模一样。这篇文章的主题与我所研究的主题甚至都不相似，但是图案却是相同的。我想，太神奇了。
>
> 这位数学家用一个公式来整理他的图形。我发现我可

以把同样的公式用到我的图案中。当我这样做的时候,一切都变得顺理成章,我找到了我一直在研究的化学反应之谜的答案。这实际上是我混沌研究的开始,因为事实证明,所有这些有序的模式都只是冰山一角。在每一种有序的图形之间都是混沌的行为。

我与一位在工程和医学领域都有建树的同事建立了合作关系。我们已经开始了一系列的讨论,在这里,对混沌理论感兴趣的教师们从校园四面八方走到一起,只是为了互相交流。他正在做一项关于癫痫的研究,我计划参与其中。正常健康的脑电波是混乱的,但是当癫痫发作时,脑电波变得非常规律和有序。我发现令人惊讶的是,当我们的大脑运转正常时,我们正处于混乱之中。

## 作为教师的研究者

如今,在有关让研究人员承担教学任务的问题上,大学受到特别强烈的抨击。毫无疑问,学生可以从教师这个榜样身上受益无穷——比如斯图尔特·穆夫森和雷玛·拉特尔——他们在课堂上的活力源于自己在研究和学术上的不断学习。现今学校教授的很多知识,甚至是基础课程,在我上本科的时候都是未知的,而新的知识将重塑或取代学生现在所学的理论。但大学教育的最终目标不应该是获取特定的事实或想法,而应该是学会如何学习。研究人员致力于探索知识的过程而不是最终的结果,给课堂带来了脑力上的兴奋感,这是研究型大学教育质量的一个重要组

成部分。这里要再次引用乔治·沃克的话:

> 我认为我们应该非常谦虚地看待我们认为学生学到了什么,他们是如何被那些超出具体课程大纲的研究人员所激励的。我们并没有完全理解是什么影响着学生并激励他们学习。但是,对于那些穷其一生都在追求新知识的人来说,他们身上有一种智力上的吸引力。我认为,这种吸引力在课堂上发挥作用的方式对于学习过程至关重要。
>
> 这就是为什么对我们来说,继续积极参与我们的研究和学术活动,并确保参与研究和学术活动的人与学生保持密切关系是如此重要。

最近与加里·希夫杰教授的一次谈话进一步强化了我对此的认识,他可是印第安纳大学著名的化学教授,他身上就富有这种强烈的吸引力。过去的十年里,希夫杰在他的研究领域获得了几乎所有重要的国家荣誉,包括美国化学学会的三项最高奖项。他的研究小组拥有多项专利。他曾如是描述他对教学和研究的看法:

> 我个人认为,整个研究界与教学之间的冲突是一种漫无边际的瞎扯。我们在大学里运营的主要产品是学生,是那些坐在教室里和在实验室里工作的人。课堂教学指导他们掌握必须学习的基本知识,但研究实验室才是他们真正学习如何进行科学研究的地方。从这个角度来看,大学应该在整个科学体系中扮演什么样的角色就会有不同的解释。大学研

究的独特性——与国家或工业实验室的研究不同——是我们对人才的培养。这是我们大学运营的主要任务。

这种培养包括几个层次。在本科课堂上,学生必须学会如何回答问题,这样,如果有人问他们一个问题,他们就有可能找到正确的答案。然后是下一个层次的培养,当他们开始决定哪些问题是最需要回答的,他们就不会把所有的时间都花在回答不重要的问题上。第三个层次的培养在研究实验室进行,是当他们开始自己提出问题,问别人没有问过的问题时。

最后一个层次是人们何时能变得有创造力,这在一些人身上很早就发生了,不幸的是,在一些人身上根本没有发生。我花了很长时间和精力思考如何教会人们创新,但我不知道如何去做。我所知道的是,创新是可以培养的。它需要一种提供大量自由的氛围——尤其是犯错的自由。创新让人们在信仰上跨越到一个新的领域,在没有明显关联的事物之间找到联系。但是,只有接受非常广泛的培养,并在一个帮助人们不畏失败地思考新事物的环境中,这种跨越才有可能实现。

65　　印第安纳大学和其他研究机构未来的一个关键目标是增加本科生参与研究的机会。与教授密切合作、参与研究团队、获得实践经验,这些都可以让学生受益匪浅,使学生为成为未来的科学家、学者、教师和众多领域内的专业人士做好准备。如今,雇主们在考察新员工时越来越多地重视年轻人的研究经验。医学和其他研究生院认为本科生的研究经验是衡量学生能力的一个关

## 三、研究不是一个禁忌词

键指标。考虑到这些现实情况,印第安纳大学布鲁明顿分校化学系在其荣誉手册中强调,本科研究是化学荣誉课程的核心:

> 本科研究通常从大三开始,但也可以从大一就开始。每个学生与指导老师和他们的研究小组密切合作,预计将通过熟悉原始研究文献,参与项目的设计和发展,以及协助解释研究结果,逐渐参与研究问题的各个方面。研究结果在毕业前以论文形式提交。

与此类似,布鲁明顿分校生物系也发起了一个暑期研究项目,让本科生与其他印第安纳大学分校的教师一起工作,选择一个他们特别感兴趣的研究项目,然后在其他校区度过暑假。该项目为学生提供了极好的机会,并建立了持久的导师关系。一个例子是印第安纳大学布鲁明顿分校生物学专业的本科生玛丽莎·埃林格的研究经历,1993年夏天她与印第安纳大学东南分校生物系的微生物学家格雷琴·基什内尔教授一起工作。在他们的研究项目中,基什内尔博士和埃林格女士设计了一种简单的非放射性DNA"指纹识别"方法,作为一个旨在研究感染囊性纤维化患者肺部细菌的大型项目的一部分。到了夏末,他们将成果写成研究论文,在一家科学期刊投稿。

我个人可以证明,对学生来说,研究是获取终身学习所需智力优势的重要途径。到目前为止,我大学期间最有价值的经历是为一篇毕业论文所做的研究。在阿瑟·马斯的建议下,我写了关于公众舆论在美国政治中的影响以及民意调查在政府行政和立法部门中的使用情况。阿瑟·马斯是我在哈佛大学的指导教授,一位了不起的老师。作为论文的一个案例，我分析了美国政府有史以来最大的一次民意调查，即美国农业部于20世纪30年代开展的"家庭农场政策审查"。几个月来，我一直坐在图书馆里，阅读来自全国各地家庭农场社区的访谈和数据记录。我了解到从一个案例研究中总结出广泛结论的困难，以及从柏拉图和亚里士多德再到沃尔特·李普曼，将这些民主政府的政治理论综合起来所面临的挑战。

大四的大部分时间里，这篇论文让我满怀兴奋地试图通过撰写这些内容来决定我对一些复杂问题的思考。大约四十年前我在那篇论文中考虑的所有问题现在仍然存在，尽管新技术有可能带来不同的答案。从那时起，我在做大学研究项目中获得的智力训练就极具价值。

对我来说，个人经历也加强了研究和教学之间的重要联系。我在斯坦福大学法学院时就开始学术写作，写了一系列与国际法教学密切相关的文章，并广泛借鉴了我在国务院的经验。我很快发现，课堂教学不断为我的研究和写作提出新的课题，学生也在研究其中一些课题。虽然法学教师很少能够吸引大量可能参与其中的研究生，不像在生物学教授的实验室里，大多数教师会同学生密切合作，类似于他们在学术工作中的关系一样。我以前的几个学生现在都是法律教师和学者，这是教学的一个特殊回报。

在管理大学期间，尽管学术类的写作减少了，但是我仍然继续定期写作。除了1993年与同事玛丽·艾伦·奥康奈尔共同出版的一本教科书《国际法与武力的使用》，我大部分写作和演讲都主要是向课堂外的读者或听众介绍有关高等教育的需求和机会。

我重返全职教师生涯的动机之一是,我渴望写一本关于道德和职业方面的书籍,以及一本关于国际法和武力使用的书。正如我前面提到的,对职业实践中的问题进行研究可以得出很多对教学和实践都有价值的见解。其中最重要的问题是那些跨越不同职业边界的实际问题。例如,许多涉及律师职责的难题,对其他领域的专业人员来说也是棘手的问题。有关保密、利益冲突和知情同意的问题也是值得关注的例子。在这些问题中,跨学科研究对当今的从业人员以及那些正培养未来从业人员的教师都有着重要意义。

## 增加对学术的投资

欧内斯特·博耶是美国最睿智的高等教育评论家之一。在新近出版的《学术水平反思》一书中,他敦促大学认可并奖励那些不涉及发现新知识的研究。正如他正确地指出的那样,各种各样的学术研究之所以重要,是因为它既能激发学者们的思想,又能对社会做出贡献。

除了"发现的学术"之外,博耶的分类还包括三大类。第一类是博耶所称的"综合的学术",即将不同领域的新见解联系起来的学术作品。在不同学科的思想之间建立联系的能力是受过教育的人的一项基本技能,也是知识进步的关键。博耶的"三驾马车"中的第二类是"应用的学术"。博耶强调,应用知识的学者与研究和综合知识的学者一样重要。早些时候,我对专业院校——尤其是法学院——关于这种学术模式的认识有限表达了自己的担忧。最后,博耶强调了"教学的学术"的重要性——不断探索加强教学的途径。正如博耶在总结中写道：

> 我们今天迫切需要对学者的定义有一个更加包容的观点——认识到知识是通过发现、综合、应用和教学获得的。我们认识到，这四个方面——发现的学术、综合的学术、应用的学术和教学的学术——分割了彼此不可分割的智力功能。尽管如此，我们认为，在分析各种学术工作的同时，也要承认它们是动态地相互作用的，从而形成一个相互依存的整体，这是有价值的。这样一种学术愿景，即认识到教师才能的丰富多样性，也可能对教师思考其职业生涯的意义和方向特别有用。

在美国，各种各样的高等教育机构蓬勃发展。例如，仅印第安纳州就有 550 万公民，拥有 40 所大学和学院。印第安纳大学有八个校区、近十万名学生，是该州七所公立大学中最大的一所。印第安纳大学有六个校区招收不同地区的走读生。教学是这些学校教师的主要任务和职责，就像全国 3 200 所大学和学院中的大多数学校一样。只有相对较少的教师可能取得突破性的发现，他们主要集中在重点研究型大学。但所有人都应该——并且大多数人都可以——参与到博耶所描述的其他形式的学术工作之中。

同时，发现型研究对于推动经济和社会等方面的进步至关重要。但是，就像当今许多其他研究一样，这类研究越来越昂贵——在科学和有关健康的领域确实如此，这些领域通常需要非常复杂、精确和成本很高的仪器。各个领域的研究也需要对图书

## 三、研究不是一个禁忌词

馆资源进行大量投资,以便跟上知识的爆炸式增长。因此,必须在大学的每一阶段做出重要决定,以确保最明智地分配资源。这一任务在当前的经济环境下更加具有挑战性。

大学面临的另一个紧迫问题是,缺少一流的研究生,科研事业就无法蓬勃发展。优秀的研究生能够进行出色的研究,为本科生提供激励性的指导和榜样示范,他们是大学吸引优秀教师的关键。特别是在科学领域,由于当今大多数科学研究的协作环境,学生和教师得益于在团队中紧密合作的特殊优势,从而增加了个人互动、指导和激发灵感的机会。研究生是未来的教师,也是对经济增长起着至关重要的作用的各个领域里的杰出人才。

如今,对政府和私人基金会资源的需求加剧,加上成本不断上升,这意味着这方面的资金将提供给越来越少的重点研究型大学。只有那些拥有一流师资和最先进设备的大学才能被认定为国际研究中心。当今大学面临的一个关键挑战是,如何获得更多公众和私人的联合资助,这对卓越的研究至关重要。我们必须坚定地面对这一挑战,因为研究型大学的质量将在方方面面影响着未来社会的生活质量,只不过许多方面目前尚不可预见。

# 四、大学的社会服务

71　　几年前,我读了一份印第安纳大学大二学生的报告,是一门要求学生参与志愿服务课的课程报告。为了服务项目,该学生回到他的初中,同学弟学妹们谈论教育的价值。这个年轻人上高中时曾是一名足球明星,收到多所大学的录取通知书。但在他高中的最后一年,一场严重的伤病结束了他的运动生涯,现在他仍然没法接受这个打击。

"回初中的路上,"他写道,"我一直在想,当我仍然很痛苦的时候,我怎么才能让那些孩子相信我是真诚的。但我和他们谈论了教育的重要性,他们似乎领会了我的意思。他们了解到我曾经受过伤并被迫结束了运动生涯,因此我觉得我的演讲对他们很有帮助。"

"但同样重要的是,"他继续写道,"这一任务对我的帮助远远超过你的想象。我能够透过他们的眼睛感受到,能够经历这所有的一切,我是多么幸运,我也为我受到的教育而感到骄傲。"

72　　这名学生的话凸显了志愿服务的力量:对他人福祉的关注是一种向善的力量——对我们自己以及我们所服务的人都是如此。年轻人往往很难相信个人的力量能够产生真正的、持久的影响,但我相信,为他人服务能够以其他任何事情都无法达到的方式使真理深入人心。在印第安纳大学和全国各地的其他学校,我与数百名学生志愿者进行了交谈,比如我刚才引用其报告的那位年轻人。他们反反复复地说,通过志愿服务,他们得到了自己永远不会忘记的经历。

在我成长的过程中,父亲就是我的行为榜样,教我如何去服务社会。父亲帮助他人的强烈责任感使他积极参加各种公民团体活动。当我还是个孩子时,他这方面的性格对我产生了深远影响。我试着尽我所能跟随他的脚步——但并不总是成功。第二次世界大战期间,我父亲在华盛顿物价管理局工作,有一次,当地一家电影院举办了一场回收废金属运动。这家影院承诺,捐献10磅废金属,就可免费领取一张电影票。我把母亲的熨斗给捐了,我非常喜欢那部电影。回家后,我告诉母亲,我一直在努力像父亲一样为战争服务。捐个熨斗对战争的影响当然微乎其微,但当母亲知道家里唯一的熨斗没了,她的情绪则受到极大的影响。

## 公益性服务

直到我成为斯坦福大学法学院院长后,我才开始认真思考在大学环境里的服务。作为一名法律教师,我曾加入过几个教师委员会,并在一个国际法全国性组织的董事会任职。但作为院长,我觉得有必要认真思考法学院为社会服务的程度和方式。

我对眼前的景象感到困扰,大多数法律教师都脱离了他们培养学生的本职。事实上,有些教师似乎对法律从业者十分蔑视。我理解这一点,因为我自己也仅仅进行了两年法律实践。我对继续为私人客户服务没有兴趣——而这正是我们大多数学生将要做的事情。然而,作为一名法学院院长,我开始相信,法学院及其教师有重要的责任帮助法律行业。因此在接下来的几年里,斯坦福大学加大了这方面的努力。

我也对这个国家的法律环境感到不安,尤其是在美国穷人缺乏法律代表的问题上。我们国家的法学院几乎没有采取措施来解决这一普遍存在的问题。我经常在这个问题上直言不讳,因此,1975年,我有机会把我的其他精力放到我所说的事情上。当时,国会刚刚成立了法律服务公司,为贫困人口(生活在贫困线以下的近3 000万人)提供法律援助。十年来,联邦政府通过行政部门的一个办事处为民事法律服务提供支持。但是,政治因素使这一情况陷入困境,一个独立于行政部门的新组织尤为必要。经过艰难的党派斗争,新公司的董事会已经选出,并正在寻找首任主席。我有幸被选中来从事这项工作。

在接下来的三年半时间里,我担任为贫困人口提供法律服务的项目主席,这一项目快速壮大,我的经历进一步强化了我的认识,法学院可以在这一领域发挥重要作用。一些学校同意为法律服务律师提供培训,另一些学校则被选为贫困法规定的相关领域的专家中心成员。在法律服务公司的支持下,全国各地的法学院迅速将他们的服务对象扩大到其所在社区的穷人。我还在法律服务公司向所有律师推广强制性公益服务。我这样做是因为我深信,我们的法律体系只有在律师愿意为公众服务付出时间时才会发挥应有的作用。

就我个人而言,我在法律服务公司的经历、倾听并同人们在最困难的经济环境下一起工作的经历,使我受益匪浅。我开始明

四、大学的社会服务

白一个人能从他所服务的对象身上学到很多,同时也对自己有了新的认识。因此,当卡特总统要求我转向国际舞台,成为国际发展合作署首任署长,负责协调美国向第三世界国家提供双边和多边援助,我有些不情愿。

总统说服了我接受这项新的任务,因为我认为人们不应该对美国的总统说"不",并且我可能再也没有领导一个新的联邦机构的机会了。事实上,卡特政府的最后两年十分艰难,面对现有官僚机构的强烈抵制,试图建立一个联邦组织尤其困难。我常想,唯一真正支持外部援助以及支持我的人是总统,他非常支持我。这段经历令人沮丧,当然也让我有机会了解到第三世界国家的贫困状况,以及全世界有这么多人为了生存在不断地抗争。或许最重要的是,当我作为宾夕法尼亚大学教务长重返高校时,这段经历坚定了我的信念,公共服务应该是我作为一名大学管理者所承担的一部分义务。

## 服务社会的传统

回顾美国高等教育的早期,我们清楚地发现"服务"处于中心位置。哈佛学院是美国第一所高等教育机构,成立于 1636 年,旨在确保有足够数量的神职人员为马萨诸塞州公民服务。用刻在哈佛校门上的话来说,这所学院"发扬学习精神,并将其代代相传,以免当我们现在的牧师归于尘土时,只留给众教会一个没有文化的职事"。

为上帝服务,并在服务中帮助普通人——这就是哈佛成立的原因。但不久之后,用查尔斯·W. 艾略特总统的话来说,和牧师们一起,哈佛学院"很早就开始培养男性(当时没有女性)为参加公共活动做好准备,这些男性曾担任地方官员、教师、社会和军事领导人,以及他们所在社区的领导人"。

宾夕法尼亚大学是后来注重社区服务的一个例子。宾夕法尼亚大学由本杰明·富兰克林于1740年创建,旨在表达富兰克林对服务社会的世俗愿景。宾夕法尼亚大学的第一位教务长威廉·史密斯曾经的一篇文章引起了富兰克林的注意。他在文章中描述了一个虚构的乌托邦社区,名为米拉尼亚,其中有一所大学,旨在培养市民的公民责任。在当时的殖民地学校中,对古典文化的学习远超其他学科。史密斯高瞻远瞩,为宾夕法尼亚大学设计了一套学习课程,解决了在宾夕法尼亚州生活、工作和管理方面的实际问题。对宾夕法尼亚大学的第一批毕业生来说,公民服务是一种备受期待的机会和义务——就和现今所有高校毕业生所承担的一样。

与宾夕法尼亚大学不同,印第安纳大学是一所公立大学,但印第安纳州的"开国元勋"们也同样坚持服务与教育相联系的原则——主要原因在于,正如印第安纳州1816年宪法所宣称的,"知识和学习……对维护自由政府至关重要"。1820年,当印第安纳大学成立时,每个大学毕业生预计都会为公共服务付出大量的时间和精力。1886年,大卫·斯塔尔·乔丹校长在印第安纳大学的毕业典礼上的讲话强化了这一理念。"当然,你们即将成为良好的公民,"乔丹对即将毕业的学生说,"遵纪守法,保持公正,支持家庭,远离牢狱,但我们对每一个公民,无论受过教育与否,都抱有这些期望。国家有权向你们提出更多要求。国家不仅要求你们不要违反它的任何法律,而且要求你们帮助制定和维持

四、大学的社会服务

明智的法律：在所在社区你们应该是正义、合理的生活、正确的思考以及恰当的言行的代表。"

1862年在《莫里尔法案》支持下，"服务"也是公共机构建立的主要目的。根据该法案的条款，政府在每个州分配公共土地，提供给高等教育机构。该法案开创了联邦政府对教育提供援助的先例。在这些后来被称为"土地授予机构"的机构中，"主要目标"是教授"与农业和机械艺术有关"的课程，但不排除一般科学、古典研究和军事科学课程。

因此，在许多公立和私立大学建立之初，"服务"是最终目标，教学和学术是实现这一目标的手段。这些机构有着共同的愿景和目标。然而，随着时间的推移，教学、研究和服务三大主要的活动已经分离，服务也逐渐从原来的驱动力中消失。教师的薪酬、晋升和终身职位都是根据他们在这三个领域中的努力进行评估的，但很少有人认为服务像其他两个领域一样重要。例如，我最近听说，在印第安纳大学，一名教员在被问及做过什么社会服务工作时，非常严肃地把给院长的投诉信看作他对大学的服务。

## 处于高等教育中心位置的社会服务

我相信，现在是时候重新思考服务的理念，使其重返高等教育的中心位置，并使服务与教学和研究结合起来了。教育既要培养人的头脑，也要培养人的心灵，教育机构承担着鼓励支持公共服务这一价值观的特殊责任。在过去的几年里，人们越来越关注我们的大学和学院。批评人士说，高等教育机构把自己看作享有特权的高地，它们专注于研究而牺牲教学，它们只寻求让毕业生为就业市场做好准备——甚至在这方面也做得很差。但是,如果我们这些从事教育工作的人做好本职工作,那么从幼儿园到大学甚至更久的求学时期,都是培养个人责任感的时机。我们希望我们的学生成为受过教育的公民。同样重要的是,他们也应该是有思想的人,能为自己的社会贡献自己的时间和才能。志愿活动鲜明地反映了美国的价值观,这些价值观是社会实力的基础,它们也必须成为教育的基础。

现如今,越来越多的年轻人想要从事志愿服务,这肯定比20世纪60年代以来的任何时候都多。他们看到了需要并伸出援手。近几十年来,年轻人常常被看成只考虑自己、与社会脱节的一代。但是民权运动、和平工作队、就业队、服务美国志愿者以及其他很多项目都是改变这一现状的强大引擎,将价值观付诸行动,激励数百万美国人,无论老少,尽自己的一份力量使世界变得更美好。

大学的使命中,有哪些障碍阻碍着"服务"扮演更核心的角色?这些障碍易于诊断,难以治疗。但毫无疑问,一个关键的障碍是大多数大学校园缺乏强烈的社区意识。在主要招收本地学生的一些城市大学尤其如此,因为这些学生看重的是他们的家庭和工作,而不是学校。但在许多研究型大学中,社区的缺乏也很普遍,在那里,许多——或许大多数——教师最看重的是他们的学科,而不是他们的校园。教师往往把所在大学和其他大学同行的认可视为学术领域的主要价值。

我们可以采取什么措施来恢复大学服务的地位呢?第一步,也是最重要的一步是将服务融入课程。在这项事业中,很多培养研究生的职业学校已经处于领先地位。这些职业学校将服务与课堂教学结合起来,因为它们的学生需要实践——至少在神学学校是这样,他们总有一天会讲道;而在其他学校,它们的学生以后也会进行某种实践工作。如今,在法学院,学生在教师的监督下,花大量时间帮助客户(往往是贫困人群),这是很常见的,就像在医学院,学生在医院和诊所为病人服务的同时学习他们的专业。印第安纳波利斯的公民领袖迈克尔·毛瑞尔最近为布鲁明顿的印第安纳大学法学院设立了一项颇具声望的奖学金,他强调了服务作为专业教育的一个组成部分的重要性。该奖学金项目要求获奖者每学期参与一个公共服务项目。

将服务纳入本科阶段的课程尤其重要,在这方面有许多工作要做。学生通过接受教育不断地进步,将服务与学术工作联系起来有助于他们理解学科的人文维度,并为他们的"服务"设立一个概念框架。以印第安纳大学为例,其健康、体育和休闲学院的本科学位课程要求主修该项目的学生在老年中心、青年机构以及其他与未来职业有关的公共服务组织中提供多达320小时的志愿服务。在印第安纳大学公共与环境事务学院,学习公共管理的本科生要在县级机构参与废物管理、旅游管理以及法院系统等各个领域的工作。

我特别鼓励本科生进行服务性学习,因为它为学生提供了机会,让他们在学术背景下反思服务经验。这种反思的结果,对学生来说,就是所学习的学科——如历史、文学或社会学——与服务经验之间的融合。

课外的、与学术无关的服务项目对学生也很有价值。一个例子就是印第安纳大学商学院的一个志愿者项目,每年有250多名本科生参加这个项目。我看到其中一名学生克里斯·波洛克对他志愿经历的报告。波洛克与青年成就组织一起工作,给六年级学生讲授商业基础课程,并作为志愿者参加了男孩俱乐部、人类家园和红十字会。他写道:"我坚信,任何人只要对帮助社区感兴趣,就能证明人们是互相关爱的。当孩子们看到你关心他们时,他们往往会更关心你。当你结交一个朋友时,你也成为别人的朋友。这些行为可能不会带来世界和平,但它们确实给社区带来了积极的、建设性的影响。"

## 大学与国家服务

近年来,各个政治派别的政治家都支持社区志愿服务。卡特总统卸任后,每年都花时间帮助贫困家庭建造房屋。在担任总统期间,乔治·布什建立了光点基金会,因为他相信,用他自己的话来说,"任何成功生活的定义都必须包括为他人服务"。同样在布什执政期间,国会通过了《国家和社区服务法》来鼓励志愿服务,尤其鼓励年轻人参与志愿服务。

我记得,在国家和社区服务委员会成立初期,大家对"为什么要服务"进行了一天的热烈讨论。该委员会的主要成员之一、前总统候选人乔治·罗姆尼说,本质上,服务是必要的,因为这个国家面临的问题如此之大,政府自身无法解决这些问题。罗姆尼认为,如果没有服务,犯罪、毒品、城市衰败等危机将战胜我们。我同意这一点,但我相信,服务是重要的,特别是对年轻人来说更是如此。志愿服务塑造了我们的价值观——我们的责任感和自尊、我们的领导能力、我们对多样性的欣赏,以及我们的社区意识。因此,衡量成功的持久标准不是对社会弊病的影响(尽管这种影

## 四、大学的社会服务

响可能是巨大的),而是对服务人员品格的影响。从这个角度看,社区服务超越了慈善——为了做好事而做好事,而是一种最高意义上的公民行为。

1992年,盖洛普曾为一个名为"独立部门"的组织做过一项调查,其结果也证明了这一点。调查显示,那些积极参与志愿服务的人比那些不积极参与的人更有可能参加大选投票。同样,在服务中奉献自己的时间和才能的人们,通常也通过其他途径,如公民团体、校友会和青年成就等服务组织,参与到他们周围的世界中来,在他们的社区和他们自己的生活中建立起一个公民网络。但是,需要对这些和其他相关因素进行更多的研究,以便了解因果关系,并且随着社区服务越来越多地融入教育项目,我们可以并将会进行更多的研究。

克林顿总统也发自内心地支持志愿服务活动。在他担任总统的早期,他在罗格斯大学的一次演讲中描述了他对国家社区服务的想法。他说,"服务"植根于"社区的概念——一个简单的概念,那就是如果我们独自一人在这里,没有人会像我们一起工作时那样珍惜自己的生活"。克林顿提议并由国会通过新的立法,建立一个全国性的网络,以帮助建立共同的公民纽带。在该计划中,他呼吁为年轻人提供数以千计的社区服务机会,所有这些机会都特别强调卫生保健、环境、犯罪控制和教育等。

该法案着眼于将服务机会从最初的约2万个扩大到至少10万个。这些职位将包括全国不同领域的项目中所有兼职和全职职位。而且还制定了相关标准,以确保这些项目具有可衡量的绩效目标,满足真正的教育、环境、公共安全或人类服务需求,为参与者提供积极的体验,同时不取代现有的工作人员。该法案规定,所有参与者都可以像美国志愿服务队或和平工作团的志愿者一样,无论需不需要,都将获得津贴。此外,提供离职后津贴来用于教育。

20世纪七八十年代,大学提供的服务机会是家庭手工业。个别导师帮助个别学生走上服务之路。现在,在20世纪最后这几年里,大学有非同寻常的机会帮助社会服务从家庭手工业转变为真正的职业。目前,我们没有与公共卫生学院相对应的公共服务学院。更根本的是,我们没有真正的基础设施来支持克林顿政府所提出的规模迅速扩大的服务网络。在一个高等教育经常受到重创并在一定程度上受到严重打击的时代,还有什么机构比大学更适合来帮助建立培训、技术支持、监控和研究所需的基础设施呢?

对于那些想要一份职业或至少从事几年服务的人来说,只有少数几个单独的培训机会。领导力是成功的社区服务项目的关键,而培训是领导力的关键。目前,大多数培训都是在职培训。个别的服务项目制定了临时安排,但即使是强调学生服务的大学也没有组织过培训,除非是建立在项目对项目的基础上。

随着国家服务网络的建立,培训必须转移到更大的范围。我们需要确定目标。例如,人际交往能力、领导能力和解决冲突能力,对服务项目的领导者来说是至关重要的。服务的领导者还需要了解地方、州和国家政府的运作,与私营部门的互动,以及慈善事业和公共服务的理念和实践。

其他一系列问题很可能会被纳入服务课程,从最抽象的,如利他主义读物,到最具操作性的,如关于免税申报的材料。为全国各地的服务项目提供技术援助并监督它们的运作也同样需要,大学可以帮助提供这种援助和支持。在这个过程中，参与培训的学生可以实践他们所学到的东西，就像那些在教育和社会工作学院的学生在他们的教育中积累了实践经验一样。随着这种安排越来越普遍，所有学生都有机会在学术环境中从事服务工作。

## 服务性学习

在学术课程和研讨会中的社区服务——通常称为"服务学习"——也很重要，这里有两个基础原因，两者也相互关联：一是服务作为实践经验的一种形式，可以加强大学所有专业课程的学习。二是参与社区服务的经验可提供丰富自身阅历的机会，因为在服务社会的过程中，也强化了学生自身的道德和价值观。

然而，许多教师质疑将社区服务纳入本科课程的做法，并希望能够证明服务可以提高学术目标。如果某一学科主干课程包含社区服务内容，学生是否能学到更多的政治学、社会学或英国文学？答案取决于课程内容和学术目标，但我相信，服务将在许多课程中促进学术学习。

去年，三位政治学教授对各自在密歇根大学讲授的"当代政治问题"课上进行了调查。在总共89人的班级，他们随机选择了一组学生参与社区服务，同时阅读并做一些书面作业，而其他的学生则额外做一些传统作业。在三个衡量标准上，他们发现社区服务组的学生比他们的同学更成功：他们的成绩更高（评分时当然看不到学生姓名），他们在课程评估中的满意度更高，他们对社会问题的意识也更强。教授们重复了这种试验，允许学生选择在政治或社会服务机构工作，最终结果同样也是积极的。教师们强调,这些结果的关键因素在于通过定期讨论将社区服务纳入课程中所花的时间。

很少有类似的研究以这样的方式开展,也没有关于服务对学习的长期影响的数据。但是,已有的少数几份报告不仅强调了需要进行更多的研究,而且为在本科课程中扩大服务性学习提供了有力的证据。可以想象,其结果与密歇根大学有关福利的社会学课程以及公共政策方面的课程研究结果相似。在这些学科中,如果将对社区服务的定期反思融入书面作业和阅读讨论中,那么社区服务应该会丰富其他课程的内容。

在专业学科领域,长期以来临床工作/实战经验一直被认为是受过教育的从业人员所必需的。例如,在法律和医学领域,课堂、图书馆和实验室的学术学习最初是作为学徒计划的补充。通过给经验丰富的律师当学徒,在律师事务所学习的同时帮助律师处理客户和法庭上的事务,学生学会如何当一名律师。这就是托马斯·杰斐逊的学习经历。他是乔治·威思的学徒,后来成为美国威廉与玛丽学院的第一位法学教授。19世纪,律师职业的准入机构——"在编律师"——认可通过在法学院学习法律来代替在律师事务所工作的时间。但学徒制仍然是获得律师资格的传统途径,直到19世纪末法学院才完整地建立起来。

颇具讽刺意味的是,将法律教育向一门学术学科转变的革命,曾一度让"临床式"教育没有了市场。直到20世纪60年代,"临床式"法律教育才得以恢复。情况的好转得益于在编律师的大力推动以及一个私人基金会的帮助。同时也是因为哈佛法学院的教师在法律系学生三年级时为他们开发了一个广泛的"临床"项目,其他学校也纷纷效仿,采用了哈佛大学制定的"临床

## 四、大学的社会服务

式"法律教育模式。

在卫生、社会工作以及公共管理等其他领域,长期以来,实践经验也被认为是学生必不可少的。问题是如何将经验与课堂上的理论学习结合起来。理想情况下,有这么一个不断重复的过程——学生从课本和讲座中学习解剖学,用尸体练习,然后在教室和实验室中学习到更多东西。没有人真的质疑医学院和其他专业的学生必须要花时间练习他们以后要做的事情。临床培训的重要性显而易见。

但是,"临床式"培训如何丰富文科和理科的学习呢?要知道文理科课程在本科教育中可是处于中心地位。理科中的答案很明确。如今,没有人会在教授化学的过程中,不要求学生在实验室里真正做实验。学生都知道,两单位氢气和一单位氧气,在合适的条件下混合,就会爆炸成水。但是,当他们在实验室亲自看到这一燃烧过程前,这一知识只能是一种抽象概念。更重要的是,实验室的经验帮助学生第一时间掌握科学的方法——他们先要提出一个假设,然后检验它,最后根据证据做出相应的判断。

与化学实验室相对应的通常是文科学生的图书馆,研究论文通常是产出的成果。社会科学专业的学生有时需要进行实证研究,但人文学科的学生很少需要这些。然而,对于文科各个领域来说,服务可以将学术的抽象(往往离学生的经验很遥远)与涉及他人的人类经验联系起来以丰富学习。服务,使学生在帮助他人的过程中,了解自己以及自己的价值观。服务以一种谨慎的方式将思想和感觉联系在一起,创造了一种环境,让学生能够探索他们对自己正在思考的东西的感受,以及他们对感觉的看法。

人文学科在与服务的衔接上,面临着特殊困难,因为人文学科的基调是最广泛、最分散的。服务丰富了大学各个领域的学习——这一命题在文学中找到了它的测试案例。一个人如何在"体验"《米德尔马契》的同时去读懂它?

在印第安纳大学的最后一年以及在杜克大学的早些年,我讲授了一门关于"利他主义、慈善事业和公共服务"的课程,让我对这个问题的答案更加清晰。答案与我的看法有关,我认为社区服务的经验有助于强化我们的道德和公民价值观。这门课程的一个明确目标是帮助本科生理解他们自己的价值体系,以及他们帮助邻居的意愿程度。学生不仅要上课、写论文,而且每周至少要在社区服务机构工作三个小时。按照要求,学生要写一些日记,描述他们的服务经历,以及这些经历如何丰富了他们对课堂阅读材料的学习。

课程早期主要关注文学中的利他主义。指定读物中有纳撒尼尔·霍桑的短篇小说《雪影》。故事中,两个孩子在雪中玩耍,创造了"雪的形象",并称之为他们的"雪妹妹"。这个形象栩栩如生,孩子们的父亲相信这是一个真实的孩子。尽管遭到孩子们强烈反对,他还是把它带进屋里,在火炉旁取暖。很快,这个"雪的形象"就只剩下了一摊水。

这个故事引发了课堂上的激烈讨论:利他行为是否真就一定能帮助接受者,或者光是善意够不够。由于学生自己参与过社区服务项目,这些讨论因此极其热烈,有血有肉。其中一些项目提供援助时并没过多考虑受援对象是否希望有人提供援助。学生将自己的经历与霍桑故事中的思想进行比较,对自己的态度和行为有了新的认识。

该课程的其他阅读材料——《旧约全书》《新约全书》的节

选、托马斯·阿奎那以及当代哲学家和社会科学家的作品——都通过文本和服务经验的相互作用得到强化。讲完这门课后,我坚信社区服务为人文学科的学生提供了一个有效的手段,将理论和实践更加有效地联系起来。通过丰富学生带入课堂的生活体验,服务帮助他们在阅读文学、历史或哲学作品时更具洞察力,并在自己的生活中体验这些学科的核心问题。当阅读材料被放在社区服务实际经验的背景下仔细研究时——通过课堂讨论、期刊和论文,学生通过加深他们对文本的分析和思考他们服务框架的方式来分享他们的经验。

服务与智力探究紧密相连,让学生更加紧密地将自己与文学作品中的主人公联系起来,例如《米德尔马契》中的多萝西娅·布鲁克和利德盖特博士、詹姆斯·艾吉的《现在,让我们赞美伟大的人》中的佃农。将这些人物与他们自身所面临的问题联系起来的过程中,学生可以更好地了解他自己。其结果是既丰富了阅读材料,又丰富了服务。

我讲授这门课程的经验进一步强化了约翰·杜威的观点,杜威一生都在阐述理论与实践必须协同工作的论点。杜威认为,学生们不应只接受狭隘的专业培训,也应接受生活中的培训,在课堂和实践领域的学习应该不断联系起来——以免我们无法从经验中学习,也无法将这些经验与我们的智力探究联系起来。

加强学习并不是将社区服务部分纳入学术课程的唯一理由,但我认为这是最主要的理由。服务学习的坚定支持者还详细列举了另外两个原因。哈佛大学的罗伯特·科尔斯呼吁将社区服务纳入人文社会科学课程,以提高学生的道德品质。对此,他如是说:

多年来，我一直在讲授一门"社会反思文学"课程。一些讨论部分是为做社区服务的学生准备的，他们可以用指定的阅读资料为基础思考他们作为志愿者的工作经历……他们把阅读所产生的智力和道德问题与自己作为学生的日常努力联系起来，以便弄清楚他们想要做什么以及达到什么效果，他们如何了解与自己不同的人，尤为重要的是，那些人如何看待他们和他们的目的。

对于罗格斯大学的教育理论家本杰明·巴伯来说，将社区服务与课堂联系起来的主要理由是公民教育。用他在《人人都是贵族》一书中的话说：

当学生用社区中的经验作为课堂上批判性反思的基础，并将课堂反思转变为一种工具来审视民主社区的性质以及公民在社区中的作用时，才有机会去教授自由、揭示自我与他人的相互依存关系、揭示权利与责任之间的密切联系……

这两种观点———一种强调道德问题，另一种强调公民的关切——密切相关，与第三种观点也有关：社区服务作为人文或社会科学本科课程的常规部分，可以将课堂学习与学生毕业后的职业和个人生活联系起来。社区服务也将工作与业余生活两方面结合在一起。

总体而言，由于学生对社区服务的兴趣增加，以及对强化学生学习的再次重视，高等教育中的服务性学习正在迅速扩展。这种服务学习的扩展是我在本科教学中看到的五大相关趋势之一，

四、大学的社会服务

我相信这些趋势将为教学法带来一场革命。其他四种趋势是增加对问题领域而不是学科的关注,合作学习而不是孤立学习,注重技术而不是黑板,以及过程评估而不是缺乏对学生学习的了解。

以俄勒冈州波特兰的波特兰州立大学为例,几句话可能有助于说明这些趋势。波特兰州立大学在其校长朱迪思·A.拉马利的精进领导下目前正在对全部课程进行修订。在修订的第一阶段,主要以通识教育为主,所有大一新生都必须选修"新生体验"课程中的一门,每门课程聚焦一类问题,主要包括城市、冲突解决、家园、多元化以及爱因斯坦。不同学科的教师组成一个团队,为每类问题设计课程,每个团队成员讲授其中的部分,其他成员则从各自的专业领域视角提供帮助。例如,爱因斯坦团队包括计算机科学、英语、物理和社会学等学科的教授。学生也以小组的形式上课,他们的协作学习促进他们相互学习并发展各自的能力。除了加强学习过程之外,协作学习还促进了在职场、社区组织和生活中其他场景所需要的团队合作技能。

所有的新生体验课程都是技术密集型课程,学生在计算机工作站学习课程材料。在这个过程中,他们也学习了大量的计算机技术知识。每门课程都有明确的目标,并对学生的学习情况进行评估,以确定该课程在多大程度上达成了这些目标。最后,所有学生都参与到社区服务中,这些服务与他们的课堂体验融为一体。例如,在爱因斯坦课程中,一组学生在高中课堂上讲授有关爱因斯坦的知识,而这些课堂上的高中生随后在小学课堂上讲授有关爱因斯坦的知识。通过提供服务并对服务进行反思,每一级的学习都得到加强。与此相应,将服务体验与课程阅读、论文和其他作业联系起来,服务体验也会得到加强。

在服务学习方面,以及在即将到来的高等教育教学法革命的其他方面,波特兰州立大学都是位居前列的领导者。另一个例子是加利福尼亚州立大学蒙特雷校区。该校区正在努力建立一个完整的学习环境,让所有学生都能参与到已经融入课程的社区服务中来。

正如蒙特雷校区的校长彼得·史密斯强调的那样,教育不应该是没有价值的。它应有助于加深我们与他人的联系和责任感。将志愿服务纳入本科教育,作为本科教育的一个组成部分,强调服务他人是受教育的一部分。就像"临床"实践源于医学、法律、宗教和其他专业教育,服务也应该源于通过教育获得的价值。

正因如此,是把服务与教学和研究结合起来的时候了。学生的社区服务是促进这一目标的一种特别有效的手段。一旦社区服务融入大学课程,在教师的指导下,将是迅速凸显高等教育新优势的一剂催化剂,对我们的社会将产生深远的影响。

## 服务、研究、教学一体化

教育是大学的首要职责。但是大学也对他们的社区、州和国家负有重要的服务义务。对绝大多数公民来说,大学通过服务提供的延伸服务是最直接影响他们生活的因素。因此,在加强服务在大学中的地位方面,第二个关键步骤是加强研究和学术工作,使大学机构与外部社区更紧密地联系起来。在履行职责的过程中,大学通过一系列活动,从帮助公立学校、促进商业发展到提供医疗保健和保护环境,为更广大社区的生活做出了直接贡献。

## 四、大学的社会服务

表面上看,服务义务似乎主要由公立大学而非私立大学承担。很明显,获得国家财政支持的公共机构负有特殊责任。然而,公立大学和私立大学之间的界限正在迅速消失,现在几乎看不见了。例如,印第安纳大学预算中由州政府和联邦政府拨款的部分占34%。在我早期的学术故乡——斯坦福大学和宾夕法尼亚大学,这一比例几乎完全相同,而这是两所私立大学。公立大学和私立大学有相似的义务。任何大学都不应将自己视为享有特权的领地,都应该为社会服务。

教师的个人服务至关重要。我所说的个人服务并不是指教师在社区中可能从事的良好公民活动,尽管这些活动很有价值——例如,参与青年团体,或成为市议会的成员。相反,大学应极力促进和鼓励的服务与教师的学术专长密切相关,那就是教学与研究。

在印第安纳大学期间,我一直对教职员工一系列的服务活动印象深刻。下面就来谈谈其中几个例子,我尤其记得印第安纳大学东校区(里士满)的简·文森特教授,她是一位老年护理专家,领导着一个支持小组和工作室,为阿尔茨海默病患者提供免费服务。菲尔·康威尔和吉姆·帕姆纳是印第安纳大学交通研究中心的科学家,他们对安全带使用情况进行了研究,这对该州有资格获得联邦公路基金至关重要。里士满·卡尔文是印第安纳大学南本德分校的教育学教授,他下班之后大部分时间都在指导公立学校和社区的各种项目,比如儿童虐待、青少年自杀,以及种族关系方面的项目。

这些例子一次又一次地证明,教师在教学和研究中所获得的服务经验,反过来又在主要方面促进了教学与科研活动。印第安纳大学南本德分校的生物学教授维克多·里门施耐德描述了这一过程。里门施耐德是一名环境学家，也是拓荒时期植物学专家，他与印第安纳州自然资源部合作，对印第安纳州可以保护的自然遗产地区进行鉴别和保护。

> 我的许多学生正在学习成为公共管理人员。鉴于我在公共部门的服务，我可以让他们了解科学家、志愿者团体和公共政策决策者是如何共同努力实现环境目标的。
>
> 对我来说，很难说我的服务在哪里停止，或者我的研究、我的教学从哪里开始。它们已融为一体。通过志愿者工作，我为当地政府提供了很多服务，但同样，我的很多研究都与这类工作有关，而所有这些又都与我的教学有关。我可以从理论研究到实践，然后走出去进行实际应用，再回来把我的经验和学生们联系起来。对我来说，这是一种很好的结合。

从大学的整体水平来说，教学、研究和服务的相互融合同样很重要。虽然可以从众多领域中寻找到实例，但我简要地谈谈我认为在印第安纳大学特别突出的四个领域：商业、教育、医疗保健和艺术。

## 商　业

大学代表社会发挥作用的一个关键方面与经济增长密切相关。今天，美国的新经济活动中心与各大学紧密相连，大学与企业之间的对话前所未有地重要。印第安纳大学所在的州面对钢铁工业衰退，正在重塑经济。该校已经在许多方面展开了对话，从商学院的创业和创新研究到工业研究联络计划的工作（该计划帮助印第安纳州的公司获得了数百万美元的联邦拨款），从医疗费用和城市公共服务的研究到印第安纳商业研究中心每天提供的计量经济信息资源。印第安纳大学的所有校区都参与到所在社区的经济发展中来。例如，印第安纳大学东南校区（新奥尔巴尼）建立了区域经济发展资源中心，来助力该地区的工业发展。该中心每年与九个区县内大约60家公司开展合作。该校区还为1—12年级的学生提供"周六日语学校"，所有科目都用日语授课。这样，该地区来自日本的产业工人子女便有机会强化母语的学习。这一创新理念对吸引外资很有帮助。

我要强调的是，服务的平衡，尤其在商业和其他专业领域，是相互的：那些专业从业人员的意见和建议在诸多方面对大学而言是非常宝贵的。一方面是帮助大学制定更加合理的课程计划，以确保毕业生为工作做好充分的准备。1992年秋，印第安纳大学商学院在工商管理硕士大纲中增加了全新的核心课程。新课程是针对当今商业环境开展教育的一种开拓性方法，是在向校友、公司招聘的人员、印第安纳州以及全国主要企业高管广泛咨询后制定的。他们的协助是学校成功制订这种前瞻性培养方案的关键。用院长杰克·温特沃斯的话来说，"当今商业中的问题并不只局限于特定领域，但是传统教育将教与学强制性地划分为不同的细分领域：金融、营销、会计、管理等等。这种狭隘的观点亟须改变。新课程取代传统范式，整合了不同学科的材料"。新课程第一年的核心课程还强调人际交往、谈判和职业道德，并对伦理问题提供更深入的理解。

第三个关键因素是极其关注国际文化、全球经济以及在世界范围内塑造企业竞争力的那些力量。全球视野对当今经济增长至关重要,大学教学和研究具有国际视野是大学服务于各州、服务于国家的主要体现。在印第安纳州,一半以上的农产品销售额来自出口:23亿美元农产品销售总额中出口占到12亿美元。制造业方面,约有25万个工作岗位,几乎占所有制造业工人的40%,与该州每年64亿美元的出口收入直接挂钩。增加制造业产品的出口以及增加外国投资是经济增长的中心目标。该州要实现这些目标,最重要的资源或许就是印第安纳大学教师的国际专业知识了。许多商学院的教师与其他国家的政府、企业和工业有着长期的联系。

印第安纳大学商学教授保罗·马雷尔是一位活跃在国际舞台上的教师。1990年,马雷尔负责协调由经济学家、实业家和政府领导人组成的国际蓝丝带委员会的工作,该委员会计划为匈牙利建立新的自由市场经济。有关如何将资本主义经济转变为社会主义经济的论著遍布世界各地的图书馆,但有关如何逆转这一进程的论著却不见踪迹。马雷尔是东欧经济学方面的权威人士,他是该委员会的联席主任,该委员会在印第安纳波利斯的哈德逊研究所、布鲁塞尔和布达佩斯举行了会议。他对这一变化过程提供了专业的看法,表达了学者在商业领域的独特地位——这一地位对他们的服务至关重要:

> 因为我在印第安纳大学商学院任职,我与商界和政府部门都有联系。这所大学的声誉给予我表达的平台——可能是唯一一个可以完全自由表达言论的平台。人们常常认为

大学教授是自由的。我珍惜这一优势,也珍惜这一机会,让我亲历东欧和苏联正在发生的历史性变革,这些变化可是具有里程碑意义的。

东欧对于他们应该拥有什么样的经济体系存在着巨大的不确定性,他们知道他们不想要旧的体系,但是他们应该有什么样的经济体系呢?我试着从这场辩论中退一步,因为这种辩论往往仅涉及众多问题的表面。我开始审视当今所有成功经济体的共同之处,从日本模式到德国模式,从瑞典模式到美国模式。这些成功经济体有哪些共同特征呢?又如何在这些基本面做出调整,以适应并满足自身的文化、历史及其他方面的需要和愿望?我认为,要做到这一点,就必须具备学术背景和学术界提供的时间框架——而不是被政府官员、商业公司,甚至类似国际货币基金组织和世界银行等国际组织的日常政策和观点所左右。或许我们可以向这些正在转型的国家提供一个基本信息,让它们不要随波逐流去做一些听起来不错、受欢迎或在政治上有利的事情,因为从长远来看,这可能是灾难性的。

## 教 育

国家经济的未来——事实上,我们国家每一个方面的未来——很大程度上取决于我在大学服务领域的第二个主题:对我们子女的教育。一场全国性的学校改革运动正给整个教育领域带来重大变化,各地的学校都发挥着重要的服务作用。

中小学教育的质量是家长、教师、立法者、企业和社区领导人以及社会各界人士共同关心的问题。如何加强基础技能的教与学？我们应该如何重塑科学和数学教育，让学生为当今复杂的职场做好准备？我们如何充分利用正在给教学带来革命性变化的新教育技术？我们必须做些什么才能确保教师得到培训和支持，从而促使他们成为最好的老师？在印第安纳州，和其他地方一样，公立学校系统和大学教育项目之间的伙伴关系网络致力于解决这些问题。

作为一名家长，同时也是一名教师，我学到的最重要的一课就是要对我们的孩子和学生寄予厚望。如果我们这样做，年轻人通常会成功。当然，当期望值设定过低时，他们更有可能做得更好。教育应该是"方便用户"的，但是自制力和努力学习是后天养成的爱好，放弃获得这些爱好所必需的课程对孩子没有好处。

从我开始大学教学的 30 年里，我一次又一次地看到，如果负责任的教师的期望得到明确的表述并被给予充分的支持，学生是可以达到要求的。早在 1994 年，当印第安纳州教育委员会批准了单一的高中课程时，就采取了一系列措施来提高印第安纳高中学生的期望，包括 40 个学时的大学课程和职业培训课程。

该课程是在一份规划文件中提出的，这份文件通过该州公共教育、高等教育组织和州长办公室的密切合作制定。这一成果是大学公共服务的一个典型案例。由于每所大学都有自己的招生标准，所以这份规划文件并不是一份招生政策声明，而是一套对学生应该考虑哪些课程作为入学课程的明确期望。要执行计划中概述的步骤，还有许多工作要做，但关键是在全州范围内已经采取了统一的办法来提高人们的期望。很明显，印第安纳州所有的高校现在都在对学生和他们的父母说:"如果你想申请印第安纳州的大学或学院,这些课程是你需要选修的。"

学生准备的质量与教师准备的质量是分不开的。尤其在城市学校,一个主要的问题是,初入学校的教师可能会发现自己有很好的能力教阅读、数学和社会学科,但却没有能力应对城市或市中心学校充满挑战的环境。印第安纳大学西北校区(加里)已经采取措施,通过一项得到全国认可的创新项目来解决这一问题。"城市教师教育项目"与芝加哥东部、加里和哈蒙德的公立学区联合印第安纳大学西北分校开发了一种教育模式,专门培训学生如何在城市课堂学习。这一以学校为基础的项目强调通过课堂经验、资深教师的指导和新的认证模式来学习。

类似的项目也在印第安纳大学科科莫分校开展。教育学院的教师正与伊斯顿霍华德学校公司的教师合作,共同开发了科学和数学教育的综合课程,目前正在课堂上进行测试。学校集团负责人林丹·希尔强调了这种合作方式的效果:"大学老师对这种环境开展了丰富的研究,并将理论应用到实际课堂中去。我们的最终目标是在全校范围内开设一门课程,涵盖数学、科学、文学、社会研究、阅读、体育、音乐和艺术等一系列广泛的主题,向我们的学生展示世界各地许多有意义的联系。"

我所描述的这些做法清楚地表明,各级学校可以服务更大的社区。新的高科技教育工具的有效应用——例如,在美国电话电报公司的帮助和支持下,印第安纳大学卓越教育中心正在探索的——将继续开辟新的领域。我想不出在服务领域有什么比这更重要的活动了。

## 医疗保健

有关于大学服务的第三个例子,医疗保健,也可以为社会带来非凡的利益。现代医学的大部分胜仗都是诸如印第安纳大学这样的研究型大学打下来的,而更多的战斗仍在继续。对酒精中毒遗传学的新认知、利用声波扫描乳腺癌的方法、使用合成材料来修复受损动脉、识别导致亨廷顿病的基因、创新治疗关节炎和糖尿病的方法、建立世界上最大的双胞胎研究中心,以及在治疗睾丸癌方面取得革命性进展,只是这些年印第安纳大学医学研究和临床试验的部分成果。印第安纳大学医疗中心拥有两家医院,旗下另外两家医院为来自印第安纳州和中西部的公民服务。其中,詹姆斯·惠特科姆·赖利儿童医院是美国首屈一指的儿童转诊医院之一,也是美国第一家让父母参与照顾年轻患者、强调关注父母情感需求的转诊医院。

解决社会上影响广泛的问题,也是大学及其医学院的责任。例如,近年来,家庭医生的数量已急剧减少。尽管内科医生总数仍在增长,但国内多数农村地区的医生数量极少。这是为什么呢?至少有三个相关的答案。首先,医学专科及特科在经济上比初级保健医更有吸引力,而且数量在不断增加——过去五年里,美国医学协会承认了35个新的医学特科。其次,现如今,医学院的学生担心,家庭实践所需的知识范围——以及对个人时间的需求——可能会让人望而却步。第三,最先进的医疗设施通常需要更长的时间才能到达农村地区,而学生们在医学院已经习惯于随时获得一流的临床技术。

由于所有这些原因,在过去的 40 年里,选择家庭实践的毕业生比例在全国范围内都有所下降。根据 1992 年的一项研究,只有 11% 的医学毕业生计划从事家庭医生的职业。近年来,在印第安纳州,仅有超过 10% 的年轻医生成为家庭医生,这一比例与全国平均水平大致相同。

医学院无法单独解决这个问题,但是在院长沃尔特·戴利和家庭医学教授德博拉·艾伦的领导下,印第安纳大学医学院进行了尝试,取得了显著成功。一个关键的步骤是从 1990 年开始,要求所有印第安纳大学医学院学生在第三学年进行一个月的家庭应用实践,也就是所谓的见习家庭医生。在见习期间,学生直接与全州 70 个县的 200 多名家庭医生一起共事。

"研究表明,如果有机会亲身体验家庭医学,更多的学生会选择从事家庭医生,"艾伦说,"我们的学生能够与家庭医生一对一地工作。他们会对家庭实践的多样性和面临的挑战印象深刻。"

另外,印第安纳大学医学院计划建立一个专门致力于农村保健的中心。该中心将建在该州缺乏农村保健的地区,为医学院学生和年轻医生提供家庭实践方面的培训,同时也为患者提供医疗服务与咨询。

帮助那些需要帮助的人,为他们生活的社区贡献他们的技能,家庭医护事业让医生获得了持久的回报。印第安纳大学鼓励当今更多的学生响应这一号召的努力已经初见成效:家庭实践见习头两年项目快要结束时,选择家庭实践的医学院毕业生比例增加了一倍多。1994 年,250 名医学博士毕业生中有 65 名——占全班的 26%——选择了家庭实践,其中大多数学生选择了留在印第安纳州。

## 艺 术

下面谈谈大学服务的最后一个例子。回想起1987年我到印第安纳大学的时候,这里丰富多彩的艺术给我留下了非常深刻的印象。这所大学在音乐、舞蹈、文学、戏剧和美术方面的卓越成就,是公立大学作为艺术之家所取得成就的典范。

大学提供了一个独特的环境,在这里艺术的自由可以蓬勃发展,艺术天赋进一步培养了公众的鉴赏力。考虑到公共资金方面的冲突,尤其是在联邦层面,大学发挥着特别重要的作用。在美国,政府对艺术的资助往往会引发一场艺术家的新愿景与公众的鉴赏力之间的冲突。艺术家渴望打破既定的标准,而公众则追求熟悉和有趣的东西。机构资助与个人资助不同,使资助过程不会因为艺术标准而引发直接冲突。当资助机构是大学时,通过对学术表达的保护传统这一方式给潜在的冲突带来缓冲。

此外,众多大学是艺术的主要赞助者,取代了过去几个世纪了不起的私人赞助。相比之下,很少有艺术家能够完全依靠自己的艺术来养活自己和他们的家庭。许多画家、诗人、雕刻家、小说家、剧作家、作曲家以及其他富有创造力的艺术家都创作出了很有价值的作品,但却无法靠出售自己的作品生活。大学在为几乎所有领域的艺术家提供支持和鼓励的环境方面发挥着至关重要的作用。

从另一个角度来看,我听到有人担心,大学营造的艺术氛围可能过于安全、过于有序、过于舒适。印第安纳大学的教师中,有几位艺术家——尤其是作家——告诉我,他们需要从大学以外的世界汲取经验和知识。一些人担心,大部分美国的诗人、画家和作曲家都在学术界,因此有缩小主题或材料范围的风险。

然而,我在艺术系的教师朋友们也描述了他们在教学中发现的新事物和新思想。他们从聪明学生的挑战中、从几十个不同学科同事们的友谊中都受益匪浅。对于大学群体来说,回报也是巨大的。学生从富有非凡创造性思维的教师身上也能学到很多。大学群体以及更广泛的群体成员,都有机会在创造性活动的前沿,聆听和欣赏杰出的新作品。

但是如今,面对让社会四分五裂的各种棘手问题:贫困、犯罪、无家可归、疾病、种族冲突、家庭破裂,艺术又有什么重要意义呢?既然一所大学的首要任务是教育领导者们塑造未来的经济和社会,为什么还要支持艺术呢?我相信,这两个问题的基本答案是一样的:艺术是通过了解我们自己的现在来塑造未来的一把钥匙。正如罗伯特·休斯在他的《艺术、道德和政治》一文中所说,艺术帮助我们"发现一个伟大但总是有部分缺失的文明——我们自己的文明"。

正确的理解是,艺术不应该出现在我们报纸的娱乐版面上,而应该出现在头版,因为它们反映我们自己的认知,引领社会未来的走向。通过艺术,我们获得了对其他文化的理解,并且在这一过程中,我们对人类经验的共同结构有了新的认识。艺术可以增强我们的社会意识,因为它们可以在道德和精神上进行启发。艺术并不总是我们生活的避难所,也不总是我们工业化社会环境的精神家园——即使它们可以是。当然,就我个人而言,它们起到了上述作用。

在我进入印第安纳大学的第二年,我认识了印第安纳大学布鲁明顿分校的戏剧教授威诺娜·弗莱彻。弗莱彻作为老师、指导者、学者、朋友以及获得卓越灵感和鼓励的来源,在全国戏剧界享有盛誉。她曾在许多国家的剧院组织中服务,并获得了国家黑人剧院网络颁发的第一个终身荣誉会员奖。在最近的一次谈话中她能言善辩地表达了大学在艺术方面所能提供的服务:

> 大学的主要工作不仅是反映当前的社会状况,而且还要反映我们想要往哪里去——坚信希望永在,人需有远见。我们需要一直寻找方法,让学生接触到他们自己文化之外的体验。艺术应该打开我们的思维,让我们看到其他的观点和可能性,而不仅仅是传授我们已经知道或已经认同的东西。
> 
> 我想让我的学生带着这样的目标走出课堂:他们能找到自己最好的一面,找到自己的个性,但也要对他人的个性保持敏感和尊重。我希望他们能与其他人接触,戏剧本身就是一种合作的艺术,这是一种来自戏剧的奖励。你不可能一个人去做所有的事情。戏剧所能做的就是提供启示,打破障碍,打开大门,把我们所有人从边缘地带带到一个共同的地方。

## 共同基础

无论是对个人、大学还是社会而言,志愿服务都取得了令人惊叹的成果,其中之一就是找到共同基础。今天,世界各地人民的民主愿望突出表明,我们是多么幸运地继承了美国政府的传统,同时也突出强调了我们有义务继续发挥美国的优势,相互关心,帮助那些不幸的人。1991 年,印第安纳州国会议员李·汉密尔顿在印第安纳大学布鲁明顿分校的毕业典礼上发表演讲,他对自由责任的思考启发了广大毕业生:

> 我相信我们的民主有能力迎接挑战。我们的政府体系并不是对每个人都一直完全有效,但它在大多数时候对我们大多数人都有效。我也相信这个国家永远不会完结。它必须在每一代人中被重新创造。民主不是一个产品,而是一个持续的过程。对于试图相互合作的人来说,他们必须在多样性和冲突的背景下做出共同的决定。
>
> 民主对我们每个人都下了小小的赌注。它打赌,如果我们被赋予自由,我们将应对自由生活的挑战。它打赌,如果我们被赋予自由,我们将改进自己,利用赋予我们的机会,发挥我们的优势,应对挑战,并承担必要的责任。
>
> 这个国家的实力不是取决于它的经济规模或军队力量,而是取决于其人民的品格和觉悟。

在思考服务的作用时,我想起了几年前一位高中高年级学生写的一些话。"我第一次对帮助他人感兴趣并决心这么去做,"她说,"是在八年级那年秋天我和父亲去旅行的时候。我们一起开车穿过西弗吉尼亚州和肯塔基州许多贫穷的矿业城镇。我们还参观了为帮助这些人而设立的机构。这次旅行是我第一次接触到真正需要帮助的人,回来后我非常想帮助他们。"这些话温暖了一个父亲的心——我有深切的体会,因为我是父亲,而我的女儿伊丽莎白是这句话的作者。在大学的四年里,她学到了很多关于公共服务的知识,在这个过程中,她也更加了解自己。在她的余生里,她将致力于帮助别人。这就是我们高等教育的最终目的。帮助我们的邻居就是帮助我们自己,要认识到我们的邻居不仅仅是在隔壁,而且生活在世界各地,这是终身教育的基本要素。

# 五、让理想渐行渐远的现实挑战

## 规划、任期、运动和其他谜题

现如今,只要投身于高等教育事业中,我们就会发现每一所大学都面临着巨大挑战。其中就包括明显的财政压力,一方面预算在逐年缩减,一方面又要满足日益增长的各种投入需求。大学也同样需要提高学术水平和加强学习,同时鼓励更多不同的学生群体参与其中。其面临的挑战特别在于如何确保追求卓越和鼓励参与这两个目标之间的张力关系是创造性的,而非分裂性的。两者缺一不可,它们必须共同发展。

## 预先制定计划

密集的、创新的规划是大学生活的第一准则。在规划过程中,大学校长是教师,无论他们是否愿意。主要的障碍在于如何找到最佳的教学方式,以确保每一个成功的校长在任期内都具备两个基本要素:教学必须包括一个密切合作的过程,尤其是与教师的合作;校长还必须不断找到倾听、学习和教学的方法。正如大学里的每一个教学情境一样,互动应该是持续的,教师的主要角色是促进者。

或许对校长来说,最大的挑战是确保将规划集中在真正的挑战上,而不是那些偏离核心目标的挑战上,那些挑战将消耗放到主要目标上的时间和注意力。一个典型例子就是校际田径运动。我们面临的挑战是要保证田径运动应有的地位,但不能让它影响整个大学——当然更多的是要确保后者。校长在几年内只能专注于几个关键的目标,而对目标的选择是校长在任期内是否能成功最重要的甚至唯一的决定因素。

我还没到印第安纳,就被告知校长必须准备每年一次的大学运行情况报告,而且通常是在8月份做报告,那时我才刚刚上任。我回复说,我对印第安纳大学当年的情况知之甚少,但我会准备一篇关于"印第安纳州的大学"的论文。显然这是一个文字游戏,因为我的一个目标就是加强印第安纳大学在促进该州经济增长方面的作用。该文章讨论了提供高等教育机会和确保真正卓越之间的张力关系。我给很多教师以及其他顾问发了第一稿,后续也发了很多稿,希望听取他们对相关问题的建议,并获得他们的支持。此外,我还发给了州长和其他政治领导人。

这篇论文是学术规划过程中的第一步。到达印第安纳大学后不久,我就同一些教职员工和行政领导开始进行规划。最终,八个校区共计400多名教职员工,以不同任务为纲,共同展开了为期一年的合作。

尽管大学规划制定过程中没有绝对正确的方法可借鉴,但是必须建立设计原则用以指导这一规划过程。我们的一个设计原则是,希望为包括八个校区在内的整个大学制定一个全面的学术议程,其中包括800多个学位项目以及四千多名教职员工和当时超过8万学生从事的学术工作(接下来五年的入学数量上升到9.6万人的最高水平)。为了保证其全面性,这个议程必须是宽泛的。与此同时,我们希望不再出台一些含糊其词的文件,那些充斥着夸夸其谈的抱负却没人真正重视的文件。最终我们制定了一项涵盖三大领域的议程:本科教育、研究生教育和学术研究,以及印第安纳州的经济增长。这也是我在最初的论文《我们印第安纳州的大学》中确定的三个领域。

针对这三个领域,我们分别提出了具体的倡议,总共53项。其中许多倡议的进度可以以数量来衡量。研究结果写成一篇名为《印第安纳州最好的大学》的文章,向社会公开,以便征求教职员工和其他人的意见和建议。文章展示了一个雄心勃勃的议程,旨在加强大学内各项学术事业的发展。这些倡议包括:

> 要求每个校区加大投入并持续努力,大幅度增加非裔、西班牙裔学生人数以及女性教师的人数——这一努力的背后体现了,只有教师的多样性与学生群体固有的多样性相匹配,他们才能成为学生的榜样和导师。
>
> 为八个校区所有本科生培养共同的学术经历,一个主要的载体可能是印第安纳州的大量艺术和创造性的珍宝。
>
> 制定新的标准来评估学生和教师在基础技能、通识教育和专业等方面的教育表现。
>
> 制定政策,将大学从研究资助中获得的大部分间接费用直接返还给主要研究人员,作为增加研究资助的激励措施。

　　　　将包括年度奖学金在内的用于研究生奖学金的资金数额增加到有力水平,并大幅度增加用于研究生资助的一般基金预算。

　　　　以增强大学副学士学位课程与学士学位课程之间现有关系的可转移性为目标并进行审视。这种审视反过来应促使具体指导方针的出版,告知副学士学位课程的学生,他们的学分可以在多大程度上转移到同一领域或相关领域的学士学位课程。

　　　　加强研究生院、科研与研究生发展处之间的协调,将其置于同一的行政主管之下,从而加强管理,并帮助确保整个大学的研究生教学和研究工作始终保持高质量水平。

　　我和行政部门的同事定期发表了进度报告,说明每个校区将如何实现每一项倡议的目标。这些校区之间自然会产生竞争,如果一个校区在某项倡议上停滞不前,其他校区的进步往往会起到激励作用。更重要的是,每个校区都向其他校区学习并借鉴其做法。

　　这种校区间互动的过程推动了学术议程的一个关键目标:将八个校区整合为"一所拥有八扇大门的大学"。任何高校在学术和政治方面自然都面临着偏离中心的压力,尤其是涉及多个校区的时候。无论是在制度上还是在选举生活中,所有的政治都是地方性的。

　　我这一任学校管理团队的主要学术目标是在规划过程中产生的。我逐渐认识到,这所大学的学术水平有些不稳定,我希望鼓励每一个校区都拓宽学术视野。作为一个整体,该议程旨在提高整个大学的学术期望值。其中一个具体的目标是改善我所说的"新型多数"学生的教育——他们的入学年龄比传统的要大,非全日制学生,既要保住工作,还要养家糊口。第二个目标是增加非洲裔、西班牙裔学生和教师的数量。第三个目标是提高本科生的留校率和毕业率。第四个目标是大量增加研究的外部资助经费。这些是我的主要目标,还有一个行政目标,即建立一个名为"责任中心管理"的预算系统,它将使学术优先事项在预算过程中居于主导地位,而不是跟随其后。尤其是其中的两个目标——教育新型多数学生和加强少数群体的参与——反映了人们对高等教育普遍关注的重点问题,我将对它们做简要评论。

## 教育新型多数学生

就像学术议程一样,重塑对新型多数学生群体的教育这一目标在印第安纳大学的所有校区都得到了讨论。全国范围内,传统年龄段的本科生——高中毕业后立即进入大学全日制学习的学生——的比例总体上已经下降,尽管情况似乎略有好转。如今,约超过一半的大学生——例如,印第安纳大学学生总数的52%——是非全日制的成年学习者:"新型多数"学生。这些人主要是通勤学生,具有以下四项中的某些特征(虽然往往不是全部):年龄超过25岁,是工薪阶层,可能正在寻求额外的培训,也可能是受到雇主资助,有家庭,上非全日制大学。许多中年时返回校园的学生要么是为了进行学士学位的学习,要么是为了取得学士学位。他们往往技能有些生疏,付出了巨大的代价,来到这里追求他们曾经认为遥不可及的梦想。他们可能会断断续续地参与一段时间的大学学习,然后停止,再开始他们的大学教育,有时在两个或更多的校区获得学分,但大多数人的目标是取得学位。

女性在这一学生群体中所占的比例更大。大多数成年女性学习者是在人生经历变化时返回校园的,这种转变的动力往往是需要成为家庭中主要的收入来源。一些女性返回校园是因为她们的丈夫失业了,因为她们的家庭开支超过了她们的收入,或者因为她们成了单亲妈妈。尤其是在后一种情况下,她们可能特别需要资助服务。在与印第安纳大学新型多数学生群体中的女学生以及与她们熟识的教职员工交谈时,我被她们决定入学的勇气、她们所面临的经济困难和心理挑战所震撼。

成年男性学习者往往也处于类似的过渡状态,但更常见的情况是,这种变化是由工作引起的——需要找到工作,获得晋升资格,或者在被解雇后要选择从事新工作。对一些人来说,经济变化带来的冲击令人深感不安。而对另一些人来说,这是真正的解放。我记得一群被解雇的蓝领工人,其中大多数是男性,他们将有权接受教育作为他们离职福利的一部分。对于这些由工人转变为学生的人来说,大学教育为他们重新安排生活、担任新角色和尝试新身份提供了机会。

专门为这些非传统年龄段的学生群体设计的教育项目从未成为高等教育名单上的主要课程。当我问其他大学的同事,他们的学校如何为这些学生服务时,答案是令人担忧的。他们往往认为,这些学生,因为是非全日制学习,或者断断续续地学习,可能存在学习上跟不上的短板。很多针对这一学生群体的讨论往往也聚焦在为他们提供一些"补救"措施如何如何必要上面。人们常常听到类似的论断,如果国家的教育体系运转正常,就不那么需要特殊的项目来教育那些在传统时间范围内没有获得学士学位的学生。

我很快就确信,新型多数学生的教育所面临的挑战在于重塑本科教育的模式,这种模式是由文理学院制定的,其主要教授对象是符合传统受教育年龄的寄宿制白人学生。和美国其他主要大学一样,印第安纳大学已经在教学内容上与传统模式保持了相当的距离,尤其在其职业学院内更是如此。

然而,即使是就教学内容而言,当然也就教学方式而言,本科教育是为青少年学生量身定做的,他们可以把时间和注意力集中在自己所在的大学或学院上。这符合传统受教育年龄的学生的首要身份——"学生"。他们中的大多数在与家人和高中时期的朋友分离时都会陷入恐慌。但是,当他们成为大学生后,他们的思想和情感却很少有激烈的抗争。因此,对大多数学生来说,这种焦虑是暂时的,他们很快就会适应,与同龄人打成一片,有"宾至如归"的感觉。

而新型多数学生群体则不同,他们在不尽相同的、更加多样化的背景下进入校园或重新开始本科教育。对他们来说,上大学是个人的决定,背后支撑他们的更多的是一种信念。许多人是他们家中第一批上大学的。他们来到校园时常常为自己所迈出的这一步感到焦虑,并怀疑自己是否真的具备在学业上取得成功的条件。对他们中的大多数人来说,大学并不是一个"成人仪式"。与传统学生相比,适应和融入大学的过程往往要艰难得多,尤其是对那些寄宿学校的学生而言,归属感往往很难培养。

对于非传统学生来说,这些问题在以下几个因素的影响下变得更加突出:"在学校"往往不是生活中唯一的主旋律;家庭、工作以及邻里关系等很可能取代上课,成为其关注的中心和事务重心;时间观念、目标概念、投入精力和金钱的能力通常不是根据大学里的责任和义务来计算的,但这些责任和义务常常又消耗掉本应用于大学学习的时间、精力、金钱等资源。大学固然重要,与传统学生相比,大学对于新型多数学生来说更为重要,因为这涉及更大的成本和牺牲。但这往往不是他们生活中最重要的。

印第安纳大学八个校区的讨论也让我相信,新型多数学生通常比传统学生更有获得学术成功的动力,尽管他们同时也更担心失败。无论是个人还是职业上的变化,都是他们重返课堂的催化剂,加剧了他们的焦虑,而他们对失败的恐惧往往也会促使他们离开大学,哪怕是还未取得以前梦想获得的学位。重塑教育模式的困难在于帮助这些学生相信并充分利用自己的能力。

当然这一努力并不能保证一定成功。我记得在印第安纳大学和普渡大学共享的韦恩堡校区,一位同事讲过这样一个故事。一天晚上,这位同事接到一个电话,是他的政治学课上一名优等生打来的,她是一位年近四十的女性。她说,有重要的事情要见他。于是他们约定四五十分钟后见面。他想知道问题出在哪里,因为她是班上最好的学生之一,而且他知道她在其他课程上的成绩也很好。"我得退了您的课,"一见面她就说,"我必须离开学校。""怎么了?"他问,"你学得很好。我能帮上什么忙呢?""你什么也做不了,"她说,"你看,我丈夫没有受过大学教育,当我审视在大学的自己时,我发现自己与他渐行渐远。我知道如果我继续留在学校学习的话,婚姻将会破裂。我必须做出决定,我要选择我的婚姻。"

五、让理想渐行渐远的现实挑战

　　为这一学生群体打造新的本科教育模式,并不会消除类似这种情况中的困难。但它对另外很多学生仍然有极大的帮助,因为目前的教育内容和教学方式没有充分考虑他们的经验和需要。一直以来,美国的大学和学院一直在为传统年龄段的大学新生开发项目,帮助他们顺利完成从高中到大学的过渡,激发他们的幸福感,鼓励他们自我发现并不断探索。我们很少为新型多数学生群体投资类似的项目,部分原因在于我们很少花时间去全面了解他们的需求。

　　经济上的需要往往是新型多数学生群体愿意去接受高等教育的关键,他们通常期望学习能直接转化为职场中的经济机会。这一现实强化了我的信念,我们需要前校长马丁·梅耶森所说的"自由学习与专业学习的新融合"。大多数新型多数学生都想要开始或发展一份事业,梅耶森认为,在多数大学校园中,自由学习应该与专业教育更紧密地联系在一起。他的论断是正确的。

　　有人可能会问,是否真的有可能打破传统本科教育的模式。历史给出了肯定答案,尽管付出了巨大的努力。半个世纪前的1944年,美国通过了《退伍军人权利法案》,"二战"后这一法案将成年学生带入了美国高校。这些学生为全国各地的校园注入了活力。他们是一个新的群体,更有质疑性,更坚持教育对他们的重要性,更愿意拓展自己以获得所在大学能提供的最好的东西。同时,他们彼此紧密相连并与所在大学紧密地联系在一起。我们需要对今天的非传统学习者进行类似的教育转型。我深信,只要我们利用过去经验的集体优势为新型多数学生制定计划,机会就在我们的掌握之中。

　　我们需要进行两类改革。首先,我们需要更灵活的教学方式和教学时间来为新型多数学生提供指导,以满足他们复杂的日程安排需求。对于全日制学生和教师来说,一个学期里每周开三个小时的班会可能比较方便,但是有家庭和全职工作的学生通常需要密集的周末课程以及其他安排。

其次,更困难的是,我们需要在课堂上充分利用新型多数学生的成熟经验。我的个人经历可能有助于阐明这一点。在印第安纳大学的头两年,我既在布鲁明顿校区教传统年龄段的本科生,也在印第安纳波利斯校区教新型多数的本科生。第三年的时候,我把这两拨学生放到一个班,通过互动电视教授了一门课程。我第一次直观地理解了许多同事曾说过的话——每一类学生都可以从另一类学生那里获得许多见解。我亲眼看到所谓的"双向指导"得到加强。与此同时,我经常提醒自己,为传统年龄段的学生设计一门关于职业道德的课程。直到学期进行到一半时,我才开始思考如何利用学生互相教授的优势来改进教材和课堂讨论。至少,我更加有意识地将新型多数学生作为家长和职场人士的经历考虑进来。这些学生带到课堂上的经历既丰富了他们自己的认识,同时也能加强了他们的同学——传统年龄段学生的理解。

重读罗伯特·M.哈钦斯的作品时,我意识到了这一挑战的重要性,他在塑造传统学生本科教育模式方面做出了独特的贡献。他相信文科是我们民主社会中受过良好教育的公民的基础,这一信念不仅塑造了芝加哥大学本科课程体系——50年前他正是该校校长,也迅速引领了全国各高校的本科课程。哈钦斯同样对成年人教育感兴趣,这一点却不太为人所知。正如他所说:

成人教育被统一设计为要么用来弥补他们前期教育的不足，要么主要构成职业培训的一部分。前一种情况下，成人可能会在完成以前所缺失的教育后不再学习；后一种情况下，成人可能会在获得足够多职业技能后不再接受培训。

相反，他实际上是在极力呼吁他所谓的"不可中断的教育"：

因此，我们这些说我们相信民主的人，不能满足于虚拟教育，就像我们不能满足于虚拟代表制一样……我们不能承认，征服自然、征服苦工和征服政治权力必然结合在一起而导致教育上的琐碎，从而导致生活中的所有其他职业的琐事。教育的目标是智慧，每个人都必须有机会尽可能变得聪明。

当前，高校面临的一个重要挑战是，让所有新型多数学生都有这样的机会。

## 强化少数群体的存在感

类似的担忧激发了印第安纳大学在规划过程中制定的第二个目标：在所有校区增加非洲裔、西班牙裔学生和教师的数量。最近一项研究表明，印第安纳州的高中有近20%的非洲裔、西班牙裔的学生肄业在家。与此相应，少数族裔学生高中毕业后继续接受教育的比例明显低于白人学生的比例，也远远低于该州少数族裔占总人口的比例。根据印第安纳州高等教育委员会的统计数据,少数族裔学生在印第安纳州各高校所占比例不足50%。

同样令人沮丧的是,在印第安纳大学和其他十所高校,少数族裔学生在五年招生期内的毕业率比白人学生低20%左右。在学士学位课程与研究生课程中间,少数族裔的入学率进一步下降,而这是未来的教师、科学家、专业人才、企业和政府领导人接受培训的重要过程。

类似的情况也在其他州上演,在我们的经济和社会中进一步反映出来。高等教育必须找到扭转这一局面的办法。在印第安纳大学,我们制定了名为"印第安纳州人"的少数族裔提升计划,并在八个校区铺开,旨在将印第安纳大学的非洲裔、西班牙裔学生的总体比例提高到10%,与印第安纳州总人口中少数族裔的比例持平。该计划规定了各校区具体的招生目标,反映了各校区所服务的学生人数。

"印第安纳州人"计划的第二个目标是早期干预,鼓励少数族裔年轻人在他们人生早期展望大学生活。许多少数族裔学生,在还没到上大学的年龄之前,就面临着有限的选择。支持和鼓励对他们来说至关重要,这样他们才有机会发展他们实现目标的决心。为了提供支持,印第安纳大学与许多公立和私立大学一样,与公立中小学、社区团体、商业和工业组织建立了大量伙伴关系,为本州中小学生提供推广项目。这些项目包括全国公认的印第安纳大学西北分校的职业起点和高等教育项目,以及印第安纳大学普渡大学韦恩堡分校的未来学者跟踪项目(FAST),这是专为来自中低收入家庭的少数族裔学生提供一整年学术支持、文化活动和职业咨询的项目。

"印第安纳州人"计划的第三个目标是克服少数族裔学生接

五、让理想渐行渐远的现实挑战

受高等教育的最大障碍：大学教育的成本。至关重要的是，我们要让学生获得资金上大学，完成他们的学位，并在没有巨额债务负担的情况下毕业。作为该计划的一部分，印第安纳大学设定了一项任务，开发尽可能最好的财政援助方案。其中包括"少数族裔优等生计划"，该计划为有前途的学生提供四年全额学业优秀奖学金，使他们可以进入印第安纳大学布鲁明顿分校。自1988年该项目启动以来，平均每年有50名学生入学。高级教师导师、文化和学术研讨会、计算机和图书馆援助为这些优秀的少数族裔本科生提供了支持和挑战。令人震惊的是，66%的"少数族裔优等生计划"学生在四年内毕业。到目前为止，148名毕业生中有36名已进入研究生院和职业学校继续深造。

"印第安纳州人"计划的最终目标是建立一个成功的环境——就像"少数族裔优等生计划"所提供的那样——以帮助确保学生实现他们的受教育目标并完成他们的学位。人员流失是值得关注的问题。非裔美国学生在大学一年级后辍学的可能性是同龄人的两倍多，在之后的某个时间肄业的可能性是同龄人的两倍多。对许多人来说，第一所大学是他们人生中第一次发现自己生活在一个以白人为主的环境中。大学社区对少数族裔学生来说并不总是一个舒适的地方，然而大学往往把归属感方面的挑战留给学生，而不是采取积极的措施来提供欢迎和支持的氛围。

提供这种氛围至关重要。现在，高等院校是美国极力营造多元文化氛围的优秀代表，来自不同种族、具有不同宗教背景的学生在这里一起生活，一起学习。大学教育的一个重要方面就是学会欣赏人们之间的差异，而且大学经历应该帮助所有学生正确认识来自不同背景的人的价值观。没有比相互尊重更重要的课了，也没有比校园和教室更是适合学习这门课的地方了。

## 防止偏执

遗憾的是,在美国,文化之间的差距正在扩大。我生命中第一次感到情况如此突出是在20世纪80年代,80年代末美国种族和民族之间的裂痕比刚开始时更加明显。我们必须努力确保,当我们回顾20世纪90年代时,情况会有所不同。帮助弥合我们社会的深层次分歧是高等教育的首要责任。无知是导致这些分歧的主要原因,因为无知带来怀疑和偏见。没有知识,就不可能理解正是不同文化之间的差异让美国这个大熔炉在其鼎盛时期出现了丰富多样的文化——而不仅仅是这些文化的总和。高等院校主要为我们架设从一种文化通往另一种文化的桥梁,帮助学生强化个人对他们周围人的道德责任,并构建起欢迎多样性的氛围。

如果没有遭受过歧视,没有人能完全理解为什么很多女性、非裔美国人、西班牙裔人、同性恋和其他人都觉得有必要确认自己是遭受偏见的团体中的一员。我还记得那个可怕恐怖的时刻,那时我六七岁,我被邻居家的一群大男孩围住,逼着脱裤子,他们喊着"犹太人,犹太人"。我为自己是犹太人而自豪,也为犹太教丰富的文化和社会遗产及其宗教原则感到自豪。

然而,我也是一个美国人、一个男性、一个白种人,而且相对富裕。我和一个犹太人结了婚,但是我们两个已婚的孩子都没有犹太配偶。我对这些孩子的自豪感并没有因此而减少,对他们及其配偶的爱也没有因此而减少。我也不会因此就认为犹太教会因为同化而受到威胁。我之所以这么说,是因为我们经常听到宗教、种族和族裔之间所谓的同化威胁论。同化并不是一个新现象。随着美国这个大熔炉的不断融合,同化已经持续了几十年。在整个 19 世纪下半叶以及 20 世纪上半叶,爱尔兰裔美国人、德国裔美国人、意大利裔美国人、斯堪的纳维亚裔美国人,以及其他一些群体担心他们的孩子会失去他们的种族身份,也许还有他们的宗教身份。

今天的不同之处在于许多人强烈要求有意识地推行分裂主义的政策,一位前同事伊莱恩·斯凯瑞最近写道,这种政策与过去破坏国家的"分离但平等"的种族政策几乎没有什么不同,正如她所说:"如果黑人和白人**自愿**坐在公共汽车的不同地方,这会是比将这种分离交由外部法规更好的结果吗?如果是黑人,而不是像过去是白人,制造这样的分离,那么情况又是否会有本质的不同?"她特别指出了她所谓的"真实性的俗语":"通过向年轻人灌输'虚假'或'不真实'的恐惧,要求他们再现并延续他们的父母或祖父母有关种族、宗教或语言方面的偏好。这就让自己的出身限制了他们,而且他们的选择也不过是由有权界定什么是真实的那些人决定的罢了。"

另一位同事劳伦斯·汉克斯,是印第安纳大学布鲁明顿分校负责非裔美国学生事务的主任,他提出了相反的观点:

> **不得不**坐在公共汽车后座和**选择**坐在公共汽车后座之间有着天壤之别,前者是强制性的,而后者体现了一种选择。问题是,为什么黑人和白人会做出这些选择呢。我认为他们做出这些选择是因为公交乘客和学生想坐在他们感觉最舒

服的地方。考虑到种族间真正去交流的糟糕状况,典型的黑人和白人相处时会很不舒服的。

我们应该认同我们的身世、我们的根,而不是盲目地追随我们的祖先,成为他们的思想囚徒。一生中,我曾多次听到有人说,某某犹太朋友不像"真正的犹太人",某某非裔朋友不像"真正的黑人",因为人们认为他们花了太多时间与其他民族或种族的朋友在一起。这样的评论——不管是出自少数族裔之口,还是出自白人之口,都极具破坏性——破坏了建立更加多样化的社区这一美好愿景。

这个问题很复杂,正如许多有关大熔炉的问题都很复杂一样,我们都想成为某个群体的一分子,这一再自然不过的愿望往往使得这一问题更加复杂。非裔美国学生喜欢一起坐在大学的餐厅里,一起住集体宿舍——当他们生活在以白人为主的校园里,这种现象并不奇怪。他们希望至少部分时间是在白人不多的地方度过的,这是可以理解的。尽管如此,大学依然有责任尽一切可能鼓励实现真正的融合。

大学规定禁止以白人为主的兄弟会和姐妹会歧视非裔、西班牙裔学生。同样,印第安纳大学以非裔、西班牙裔学生为主的兄弟会和姐妹会对所有学生开放,不分种族或族裔出身。然而,不幸的事实是,历史上的白人兄弟会和姐妹会很少有少数族裔成员,而历史上的非裔、西班牙裔学生组织也几乎没有其他族裔成员。

我对这些差别特别苦恼。以白人为主的大学环境对许多少数族裔学生来说居然如此艰难,这样的现实也让我深感不安。非裔、西班牙裔兄弟会对于那些需要它们的人来说是一个重要的选择。我们在高校和整个社会的义务是帮助建立一个已不再有这种分裂的世界。不幸的是，这似乎是一项艰巨和长期的任务。

## 提倡文明行为

在美国的每个校园里，一个密切相关的问题被广泛称为"政治正确"——宽泛地理解，就是为规避有关宗教、种族、民族、性别以及性偏好等方面的攻击性言论面临一定的压力。当然，避免冒犯他人的努力很大程度上值得称道。但是，需要谨慎行事，避免由于过度敏感而扼杀辩论。我们可以肯定，大学校园确实是一个自由交流思想的地方，但前提是我们要鼓励不同的观点，哪怕有时难免出现观点冲突。如果一所大学成为一个单一政治或社会观点的避风港，学生和其他人将没有机会为自己做出深思熟虑的判断。如果教师和学生要实现他们的教育目标，言论和写作自由是基本的价值观。用我的导师勒恩·汉德法官的话来说，"自由的精神是一种不太能确定它是否正确的精神……"这种精神是一流大学的核心，社会上也同样需要这种精神。

对高校来说，一个棘手的问题是如何决定学生的言论是否应该受到纪律处分，比如种族侮辱词汇等。一方面是主张校园言论自由，我认为这是最重要的。然而，另一方面可能是这种言论不仅仅只是说说而已，往往可能引发一系列严重后果。印第安纳大学教师委员会最近审议了这些问题并得出结论，认为以下行为应被视为违反"学生道德守则"：

A. 明示或暗示威胁:(1)干扰个人的人身安全、学术成就、就业或参与大学所主办的活动。(2)伤害他人或损坏其财产,在让人有理由担心这种伤害和威胁即将发生的情况下。

B. 面对面讲话时使用带有侮辱性的语言,作为对听者或听众的一种个人侮辱的"攻击性词汇",这种言语本身很可能会引起听者或听众对说话者的暴力反应。

126 对于通过学校规章制度来限制学生的言论这一做法,我向来持谨慎态度,哪怕他们的言论冒犯了我,冒犯了其他人。另一方面,既然已经认识到不文明言论对于受害学生或者民众的不良影响,那么大学校长就应该毫不犹豫地强调校园需要文明,并批评那些不文明的人。校长可以谴责偏执的言论而不是让他们噤声。

我们竭力培养的道德是一种尊重每个人尊严的道德。对许多学生来说,第一步是克服对不同背景的人的不信任,甚至恐惧。但是,迈出这一步后,仅仅容忍我们不同意的观点远远不够,尽管这是很有必要的。仅仅倾听也不够,尽管这也是很有必要的。正是因为他们来自不同的背景,有很多东西可以教给我们,我们需要与他们更多地接触,从而拓展我们自身的道德。

大学是思想、兴趣和价值观的试验场——一个充满坚定信念和激烈辩论的场所。辩论的大部分内容都是通过道德方式表达的。事情就应该如此。与此同时,辩论应该在文明的框架下进行。提倡文明行为是每所大学的一项重要教育任务。

五、让理想渐行渐远的现实挑战

## 反思终身教授制度

当然,有时大学和周围社区之间会发生道德争论。这种情况下,它可能直接或间接涉及大学的另一个关键问题:终身教授制。长期以来这一制度一直是公众批评的对象,特别是在研究方面。例如,20世纪50年代,印第安纳大学的动物学教授阿尔弗雷德·金赛因为写了一篇关于人类性行为的文章而面临巨大的压力,公众强烈要求将其开除。金赛在社会研究方面有开创性工作,如果没有终身教授制度的保护以及时任校长赫尔曼·B.威尔斯坚定不移的支持,他很可能无法继续执教下去。其他大学也有很多类似的例子。

从长远来看,终身教授制度并不能保护无能之辈,当然也不应保护不当行为。但它确实保护了追求不受欢迎的思想的自由。当然随着视角的转变,今天的异端邪说可能明天被奉为教条。艺术、科学、人文和专业领域的真正开创者几乎总是在这个或那个年代受到尖锐的批评。在面对外界或机构内部的批评时,终身教授制度可以保护学术自由,保住工作。大学必须容得下批评,也必须受得住这些批评招致的过分关注。但终身教授制度意味着,教师不必独自承受这些批评和关注。

终身教授制度很容易描述,却很难解释。在大多数美国高校中,教师最初被任命为助理教授,并进入长达七年的试用期。在最初的几年里,他们作为教师和学者定期接受审查,本系的资深教师经常去听他们的课,考察他们的教学情况。试用期结束时,进行一次广泛的聘期考核。在好的大学里,评估过程是严格的,最终决定不容有拖延：要么升任，要么辞退。当对教师的教学、研究或服务的质量存在质疑时，一般不会授予终身教授职位。

终身教授制对大学来说有重要的优势。我个人支持这一制度是因为，首先也是最重要的，它促进了智力上的冒险。学术和研究是一个发现的过程，这种发现不能拘泥于僵化的时间表，终身教授制可以避免在时间表上产生的压力。同样重要的是，终身教授制鼓励教师们通过开拓新的领域来寻求新的知识，成为一名发现者——有能力也有勇气超越过去几代人看待世界的界限。我相信，受终身教授制保护的冒险品质，是美国高等教育在国际上占据主导地位的核心。

而批评这一制度的看法是，一旦获得终身职位，实质上就是签订了终身合同。尽管终身教职人员的表现会不断受到同事、学生、其他高校的同行和资助机构的评估，但是在取得终身教职后，教授们可能会安于现状，不再努力做一名好老师，这种可能性是存在的——而且偶尔会在现实中得到证实。如果发生这种情况，为什么不解雇他们呢？显然，终身教授制度的弊端之一是，大学可能会被那些生产水平不高的人困住。

因此，与公众对终身教授制度的争论相对应的是对教学质量同样激烈的有关争论。没有一所大学是没有差老师的。从我的经验来看，大多数时候，教学质量差是因为从教多年的老师开始反复使用他们的笔记，而这些笔记已逐渐变得不完善。教师和学生之间应有的那种持续的智力交流却变成了知识的传递而已。如果仅仅是这样，那么结果将不只如此。当内容过时、过程枯燥时，结果就毫无价值了。每一所大学可能都有一些这样的教师，但并不是很多，因为大学内部的压力也让这些教师人数较少。

教学领域中最糟糕的问题不是教学质量差,而是最优秀的教师——在教学和学术上都是最好的——往往在教学任务减少的情况下还时常获得奖励。正如我的一个朋友所写的那样,在大学争夺最好的教师的关键在于减少教学负担。这不是唯一的标准。薪水显然也很重要。对研究生的研究支持和资助也是如此,尤其是在科学领域。但是,大学校长经常能听到类似的悲哀的故事,大家争相引进或想要留住一名关键教师时,却被告知留下也行,但你得给我少排课,或者不排课。

这该怎么办呢?没办法,我觉得,除非大学做出重大改变,重视教学。我所说的"重视"不仅仅指工资。目前,在大多数大学里都有一种明显的感觉,那就是最好的学术比最好的教学更重要。问题的根源在于评价教学极其困难。学术界已经形成全国性的评审模式,可是在教学领域则没有这种模式。而且在许多大学里,对有终身教职的教师来说,压根就没有教学评审,有的话也不成系统。

既然教学的目的是学习,那么评价教学最明显的方法就是检验结果:学生学到了多少?如果这个学科是音乐或其他艺术学科,学生演上一场就有了答案。如同在田径运动中一样,评价标准很好建立。在其他一些领域,尤其是在入门科学课程阶段,教师评价也相对容易。例如,如果六个或八个班都有生物课或微积分课程,所有学生可以参加同样的考试。考试结果使人们对教师的素质有了一个公正的认识。可是马上就有老师反对说,他们无法控制的变量很多,特别是来上课的学生的水平如何,自己没法掌控。但一般来说,学生是在选课分班时随机分配到同一科目不同的老师班上的。因此,有可能进行有效的比较。另一方面,在人文科学和社会科学中,所教的内容本质上很少有相通之处,比较评估则更加困难。

在大多数大学里,学生定期对他们的老师进行评估,学生组织经常将评估结果公布出来,作为其他学生选课的参考。这也存在弊端,学生评估可能会变成人气测试,尤其是在终身教职评审期间。要规避这一情况,一个做法是,在申请终身教职的那一年,教师不得参与各种教学奖励的评审。

除了正式的评估外,学生之间的小道消息在大多数大学也很管用。明智的学生通常主要根据教师的声誉来选择他们的课程。有时一门课程是必修的,而只有一位教学糟糕的老师可以选——但足智多谋的学生往往能够找到另一个选择。无论如何,那些选择成为教师的人通常关心他们的学生的想法。大多数人都希望成为一名优秀的教师,并努力工作以获得并保持好的声誉。

在印第安纳大学的七年里,我阅读了每位被推荐为终身教授的教师的档案,也阅读了很多被推荐升职的教师的档案。我读过一千多份终身教授的档案,我可以在这里谈谈那所大学,以及宾夕法尼亚大学和斯坦福大学的实际情况。在印第安纳大学,一名教师必须在教学或学术方面有杰出的履历——或者在特殊情况下是服务方面——并且至少在其他两个领域有令人满意的履历。每名教师都可以确定他或她在哪方面被认为是杰出的。我在印第安纳大学的几年里,布鲁明顿校区大多数接受终身教职审查的教师选择研究作为他们工作的杰出领域;在其他六个区域校区,大多数教师选择了教学领域;而在印第安纳波利斯校区,教师的选择比例则参差不齐。在教学的质量和数量上同样都积累了详

## 五、让理想渐行渐远的现实挑战

尽的成果。总的来说,我相信该所大学的教职员工都是敬业的教师,他们在课堂上的表现是一流的。

最近公众对教学的呼声,特别是其与教师更关注的研究之间的平衡,促使高校加强了对教学的审查和评估。如果在培养新教师的方式上有真正的转变,那么高校朝着更重视教学的方向进行转变才会更加有效。就今天大学在教学方面的问题而言,这是关键。

要想进入大学教书,文理科的研究生必须修读数年的课程,并在学位论文导师的指导下完成一份原创的学术作品。这一过程是严格和苛刻的。但它主要集中在研究上,而对教学的关注则要少得多。在印第安纳大学的文理院系,所有的研究生都接受过一些教学方面的训练,但在教师指导下的教学机会却相对较少。在一些专业领域,新教师第一天走进教室时,就像我30年前那样,几乎没有接受过任何关于如何管理课堂的指导。

我希望在不久的将来,领先的研究型大学能够开发出新的教育模式来培养研究生,使他们能够在教师的指导下成长为教师。我在印第安纳大学的一位好朋友珍妮·彼得森,曾任布鲁明顿大学历史系的系主任,她在一门课程的一个学期中,经常和她的几名助教研究生一起工作。第二学期,她让研究生上课,而她负责协助。这是一个耗时的指导过程,但这种指导很有必要。

特别是在高校加强教学审查以及新教师培训以后,终身教授制度是对学术事业长远发展的合理投资。同时,这一制度目前产生了一个特别不幸也毫无必要的副作用,那就是阻碍了高校满足学生教育需求的能力。这一副作用与美国大学教授协会的一项信条有关:只有终身教授才应该在受人尊敬的高校任教。然而事实上,几乎在每一所高校中,都有许多教师是兼职的,既不是终身教授,也不是等着评终身教授,例如定期讲授入门语言课程的兼职教员、很多医学和相关卫生领域担任临床医生但没有终身职位的教师——他们积极参与经营诊所,以其他方式来满足公众的需要。这种安排是高等教育的小秘密。大学管理者通常不愿谈及此事,因为尽管有些偏离办学的指导方针,但它确实满足了学校的实际需要。

终身教授这一制度的出台与大学极力追求学术研究的努力有关。然而,一大批专注于教学或服务的教师也是大学不可或缺的人才。这种情况下,并不需要终身教授制度来保护相关教师的学术自由。但是当终身教授制度嵌入大学规章制度,要求大学只聘用兼职的教学和服务人才时,问题就产生了。结果是这些员工往往既没有工作保障,也没有医疗或其他福利。

为解决这一问题,我强烈支持为教职员工提供更多的就业机会。那些从事重要学术工作的人应该被聘为终身教授,接受审查,然后要么被授予终身教授职位,要么离职。那些不从事学术工作的人,在有需要的时候,应该被给予符合他们兴趣和能力的机会。例如,那些教学娴熟、有责任心的基础法语课老师,抑或是医疗诊所或律师事务所的教学主管,尽管不是终身合同的,但是应该是全职雇员,通过长期合同享有医疗和其他福利,并获得工作保障。当前围绕终身教授制而引发的公众讨论确实带来了一个好处,那就是使得这一问题公开化,有助于扩大那些有意投身高等教育事业的有志之士的就业选择。

五、让理想渐行渐远的现实挑战

# 为进步注入新的活力——高等教育投资

今天高等教育面临的一些批评,至少在一定程度上间接源于公众的不信任,这种不信任在20世纪80年代之后的十年里影响了许多美国院校。在那个充斥着贪婪和过度的非常时代,国家总体上没有进步,而个人和企业却获得了大把大把的好处。一些高校的做法确实失信于民:公众向联邦政府提出的关于大学对研究资助使用不当的指控就是一个例证。公众的担忧主要集中在私立院校,但公立大学也未能幸免,被指控贪婪和滥用研究资金。

作为一所公立大学的校长,有关情况我比较熟悉:高等教育做得很好,哪怕做得不够好。外表——大学校园、大学建筑——往往看上去很繁荣。布满常春藤的院墙似乎将一切高校内部问题严严实实地遮盖了起来。随着成本的不断增加、资金的不断减少,全国各地的高校课堂教学、实验室、图书馆和学生资助等方面的投入严重不足。

长期以来,高等教育一直被视为进步的引擎。但今天人们在问,为什么这个引擎没有推动加速,或者它是否在推动加速,这种公众的怀疑可能是过去十年来高等教育公共资金水平普遍下降的原因。问题并不在于美国人对自己和家人接受高等教育的渴望降低了。相反,人们越来越认识到,大多数新工作都需要接受大学教育,许多领域还需要研究生教育。

人们还认识到,大多数美国家庭的生活水平已一代代地提高,而教育是唯一最重要的原因。然而,今天,许多美国人在审视自己的生活时,发现进展甚微,甚至毫无进展。他们认为他们的孩子比他们所能得到的机会更少。他们注意到其他国家——尤其是德国和日本——正在逐步领先,他们担心情况越来越糟。因此,难怪他们关注教育,也总是怀疑教育是否还在发挥作用。

毫无疑问,高等教育作为进步的引擎,其运行正在衰弱。但毫无疑问,它仍然是进步的引擎。有一个很好的例子:受过四年大学教育的男性和女性,他们一生的平均收入有望达到没有受过大学教育的人的两倍。以印第安纳州为例,该州为每个学生四年的大学教育投入二万美元的财政基金,将为该州带来十万美元的税收收入——回报是原来的五倍,这可是一笔难以匹敌的交易。加大对高校的投资是至关重要的。将来决定美国经济未来的工作——以及美国人从事这些工作的能力——取决于教育。更多和更好的教育是提高各部门生产力的唯一长期手段。

此外,高等教育是美国在国际市场上的主导产品。世界各地的优秀学生进入美国的高校学习。他们知道到美国接受教育是千载难逢的机会,这一点美国人民可一定不能忘记。在高等教育这一领域,没有国家能出美国之右。我们需要保持这种领先地位。

社会要求全国各地的私营机构——包括企业和非营利组织——提高生产效率。除非企业和组织满足这一要求,否则他们将无法生存。为了提高生产力,高校做了哪些工作呢?对公众来说,近年来学费猛涨。公众的钱到底花得值不值?

大多数高校都被迫削减成本,尤其是在过去的五年里。例如,在印第安纳大学,1990 至 1994 年间,州政府拨款每年增加不到 1%,而该大学扩招人数几乎相当于整个东南校区的学生人数,全日制学生超过三千人。过去 20 年,学费虽然上涨了,但仅高于

## 五、让理想渐行渐远的现实挑战

美国通胀水平1%,并且高等教育所需的计算设备、图书馆资料和其他用品的实际成本增长,也超过了学费的增长。

与此同时,学费上涨主要是因为高校领导希望学校拥有更高的学术水平,并且相信,增加投资就能提高质量。直到最近,学生和家长似乎才愿意支付不断上涨的学费,虽然也并非翘首以盼。然而,形势正在发生变化,招生部门表达了一种担忧,有很多学生因为交不起学费而选择放弃。因此,我有理由怀疑在未来几年,这些成本的增长会与通胀水平持平。

大学正面临着提高生产力的压力,不仅要削减成本,还要增加教育成果的数量。要提高教学、研究和服务的数量,也许最重要的一步就是让各个部门形成一个整体,负责实现所有这三个领域的既定目标。在大多数院校,教师只单独负责某一部分的工作,并因此得到相应的奖励。但跨部门协作的方法,则要求一个部门的全体成员共同负责其在教学、研究和服务方面的全部义务或"生产力"。这些义务是根据课时数、研究成果和社会服务来量化的。如果超过目标,该部门所有成员就会得到工资和其他福利方面的奖励。如果没有达到目标,部门成员也应承担责任。要使这一方法发挥作用,也需灵活处理。印第安纳大学的初步努力已经在提高生产力方面取得了实质性的成果,向所有教员强调一个部门的集体责任。

在高等教育中,质量问题最终比数量问题更为重要。我多次听到学生们强调,尽管降低学费是头等大事,但保持或提高教育质量是最重要的事情。我上面讲的印第安纳大学的学术议程,以及为实施这一议程所采取的措施,都是在提高生产力的同时提升质量的极好例证。但是,对于任何生产产品的组织来说,数量也是非常重要的,当产品是教学、研究和服务时亦是如此。

## 保留体育运动项目

融资、课程设置、入学、终身教授制、研究、教学——所有这些问题都让大学成为公众关注的焦点,也是高校面临的挑战。应对这些挑战,大学需要对未来的发展做出创新规划。然而,大学及其校长在任何领域受到公众和媒体抨击的程度,都比不上在校际体育竞赛中所受到的抨击——这是我在本章开头提到的"让人分神的挑战"。

印第安纳州热爱篮球,印第安纳大学的教练鲍勃·奈特早在我来之前就是一个传奇人物。在我到这里的第一年,我学到了一个重要的经验:校际体育活动占据了大学校长在学术目标之外的全部精力。事情是这样发生的:

为何来自东海岸、系着领结的常春藤联盟学校学生,会将篮球当作印第安纳州人的命脉?许多人提出了这个问题。事实上,我一直很喜欢这项运动,并在印第安纳州学会了热爱它。奈特被认为是一位伟大的教练,但他脾气暴躁,言语粗俗。我们最初的交流非常愉快,但在 1987 年 12 月,在布鲁明顿校区与一支苏联球队的表演赛中,他被裁判的裁决激怒,并命令他的球队中途离场。媒体猛烈抨击了奈特,并征询我的看法。我去问奈特教练,当时他承认自己犯了严重错误,我便发表了一份公开声明批评他。

一切似乎就这么平静地过去了,可是到了第二年 5 月,电视新闻播音员康妮·钟采访了奈特,奈特对一桩强奸事件发表了攻

## 五、让理想渐行渐远的现实挑战

击性的言论。该言论在全国播出后,媒体和公众的反应迅速而强烈。我试图联系他,但是没有得到任何回应,随后我再次公开指责他。他对主持人的做法感到愤怒,因为在他看来,是康妮·钟用她自己几个小时的街头谈话诱使他说出这种侮辱性的话,而主持人的百般诱导却没有对公众播出。他也对我在公开场合的批评感到很生气,尤其是因为我还没有听过他的说法。可是他忘了一个事实,我曾试图联系过他。

接下来的七天里,这一事件上了全州所有报纸的头版。当时,新墨西哥大学正在物色一位新教练,奈特受到了邀请。在印第安纳大学举行毕业典礼的那一周,我乘坐小型飞机穿梭在八个校区之间,一周主持了八场典礼。每到一个校区都会被媒体包围。如果奈特离开了我该怎么办?成千上万愤怒的球迷给我来信。我最喜欢的一封信是这样写的:"我已经78岁了,坐在轮椅上,我唯一关心的是印第安纳大学的篮球。你就系着你那该死的领结,从哪儿来回哪儿去吧。"一群愤怒的学生在校园门口游行。甚至连州长也打电话向我确认我是否知道奈特对550万印第安纳人有多重要。布鲁明顿学院理事会通过了一项支持我的决议,许多人写信支持我的行动,但大多数人都持批评态度。

奈特最终留在了印第安纳大学,危机过去了。但接下来的几个星期里,我疲于应付爆炸式增长的媒体关注,其他几乎什么都做不了。随后的几年里,当奈特和我恢复联系后,我们都会拿这件事开玩笑。但在那时,我亲身体会到大学校际体育运动的问题是多么让人分神。

与我一直在讨论的学术目标相比,这些问题不值得成为校长的关注焦点。因此,更明智的做法是尽力聘请最好的体育主管,并确保他会就关键决策进行咨询协商,然后像支持教务长一样支持体育主管。在某些情况下,这可能意味着,校长对体育赛事的某项事宜是这样决定的,但实际却是那样解决的。但如果不这样,就会造成不必要的麻烦,偏离大学发展的核心目标,成本过高。无论如何,一位优秀的体育主管想要管理体育,自然要与校长协商。

针对校际体育运动的不满,一般只发生在拥有美国大学生体育协会一级体育项目的大型机构。最常见的指控是,为了寻求越来越多的资金,尤其是从电视合同中获得的资金,大学及其领导人忽视了校际体育运动的主要目的。因此,在批评人士看来,这些大型机构的体育项目已经失去控制,学生运动员变成了拿着薪水的角斗士,他们很少能毕业,对违反规定作弊更是习以为常,由于获胜能带来巨额收入,这种现象就更变本加厉。

这些指控有一定的道理,尽管经常被过分夸大。大学校际体育运动的两个主要目的可以简单阐述如下。首先,学生们享受并受益于体育竞赛,他们的身体得到锻炼,精神力量得到加强,团队合作能力得到提高,并同时享受到了乐趣。其次,校际体育运动给高校所在社区带来了热闹的氛围。学生、教职员工,尤其是校友,在观看比赛时随着比分的起落而心情激荡,他们在比赛中玩得开心,并在这个过程中感觉到与自己的学校更加亲近。凡此种种原因,使体育运动成为大学生活中一个美好的部分。

那么,校际体育运动有什么问题呢?在大多数运动中,没有任何问题。这些都是所谓的非营利体育项目,通常包括除足球和男子篮球以外的所有体育项目。除了北部各州的冰球运动等几种运动之外,足球和男子篮球以外的其余运动都没有收入,吸引的球迷很少,门票的销量也不佳。对于这些体育项目来说,得到电视报道是不太可能的,因为需要昂贵的费用以及有诱惑力的项目。

高校面临的一个关键问题是如何支持非营利体育运动。让我们稍微了解一下所涉及的费用,在印第安纳大学,1992至1993年间校际体育运动的总开支接近1800万美元。其中700万美元用于一般业务,包括所有体育项目的设备、设施维修、行政管理和其他辅助需要;600万美元用于足球和男子篮球;400万美元花费在非营利体育项目上。另一方面,1992至1993年间,印第安纳大学用来支付所有校际体育运动的营利收入中,1400万美元来自足球和男子篮球,其余部分主要来自校友对校际体育运动的捐赠——捐款通常是因为捐赠者对足球和男子篮球的兴趣。从本质上说,营利性体育的一个巨大好处是,他们为校际体育运动中发生的其他所有项目支付费用。

并不是所有的大学体育项目都是这样运作的。在宾夕法尼亚大学和其他常春藤联盟学校,校际体育项目与其他非学术性、学术性项目一样,都是由学校行政部门资助的。同样重要的是,根据常春藤联盟的规定,学生运动员只有在有需要时才可以获得资助。在拥有大型体育项目的公立大学,最优秀的学生运动员可以获得全额奖学金——学费、食宿费和书本费——无论经济上是否需要。又以印第安纳大学为例,1992至1993年间共有173名运动员获得全额奖学金,费用为330万美元。

为了尽量减少不平等和控制成本,美国大学生体育协会制定了一本厚厚的制度手册。每年都会提出几十条新规,而遵守规则便成为愈加骇人的噩梦。例如,为了控制高中运动明星的费用和压力，美国大学生体育协会规定限制大学教练与运动员见面的次数。结果产生了一个新的家庭产业：租借和出售运动员的录像带。教练们可以付费观看足球中卫或篮球后卫的动作录像。很快，大学生体育协会便出台规则限制这种做法。不过，上有政策，下有对策，高校随后又有新办法，形成恶性循环。在这个过程中，大学生体育协会的规则手册也越来越厚。

不幸的是，按照目前制定的规则，这些规则鼓励教练尽可能接近作弊的红线。教练们可以尽力靠近，但不能越过底线。越界会产生连锁反应。例如，迪克·舒尔茨被迫辞去美国大学生体育协会执行董事一职，因为他曾在弗吉尼亚大学担任体育总监，后来发现他有违规行为——尽管他与这些违规行为没有直接关系。在舒尔茨担任协会主席期间以及之后，在简化规则方面已经取得了进展，但这些规则仍然盘根错节、扑朔迷离。

由于这一复杂性，美国大学生体育协会在相对琐碎的违规行为上花费了数不清的时间，却仍然没有识别和惩罚重大欺诈行为的办法。答案是什么？对于像"十大联盟"这样实力雄厚的机构来说，最好的办法可能是充分扩大组织规模，最后，除全国锦标赛以外的所有校际竞赛都能在联盟内进行。

如果要我对校际体育运动进行改革，我会将奖学金资助限制为"以需求为基础"。一些大学以及常春藤联盟学校，采用了这种方法。其他学校，如印第安纳大学，提供体育和学术奖学金。我知道有些人认为，不将学术奖学金建立在需求之上，却要求体育奖学金以此为基础是不公平的。但大学的首要目的是教育，体育当然是次要的，尽管我承认许多明星运动员在进入大学时把体育作为他们的主要动机。

五、让理想渐行渐远的现实挑战

同时还可以采取其他措施来尽量减少作弊。奈特教练和我写了一篇专栏文章阐述我们的观点:由于在篮球和足球比赛中,作弊往往是为了获胜和奖金,所以对作弊最好的制裁是让收入成为作弊的风险。我们提出了两个具体步骤。首先,主场也是球队赚钱的主要阵地,因此不允许作弊的球队在自己的主场打满一个赛季。应该限制他们在主场比赛,并且规定从比赛中获得的资金,只能用于通过审批的支出。违规情节不严重的,应该强制将一场或多场比赛从主场转移到客场。这种做法,比要求作弊的球队取消比赛要好,因为取消比赛相当于连带地惩罚了作弊球队的对手。其次,涉及违规的球员,禁止转会到其他大学打球。的确,这些球员应遭受失去一年参赛资格的惩罚。然而,问题是大多数调查和处罚都是在相关球员完成比赛后进行的。在所有项目中,这两个步骤听起来简单,做起来也相对容易。采用这两个步骤可以阻止当前许多作弊行为。

我尤其为大学生运动员所承受的宣传压力所困扰。太多的大学生球迷忘记了学生球员刚刚从高中毕业,还处于从青少年到成年的过渡阶段。对成年职业运动员来说,过高的期望已经够难应付的了,对年轻的大学生运动员来说就更难了。我们应该钦佩运动员作为运动中的英雄,但我们也必须认识到,他们只是人类。身体技能——技巧、速度、耐力和美丽的动作——只是他们英雄主义的一个方面。我们更欣赏他们在压力下的全力以赴、专注和优雅——这些可贵的品质能让运动员为他人树立榜样。因此,我们通常希望,体育运动中的英雄在生活的各个方面都是英雄。虽然少数人可能达到这一标准,但大多数人肯定无法达到。

当我还是个孩子的时候,泰德·威廉姆斯就是我心目中的英雄,他现在仍然是我的英雄。对我来说,他的光彩从未褪去。他是一种人格的榜样,也是一个具有非凡能力的球员。20世纪70年代,我在斯坦福大学担任法学院院长时,一直坚持着一种做法,并且至今也仍在遵循,即永远不要接受那些想从我的学校得到什么东西的人的私人礼物。得克萨斯州游骑兵队的老板让我帮助他的儿子,当时他的儿子正在申请进入法学院。棒球球迷们可能还记得,当时泰德·威廉姆斯是得克萨斯州游骑兵队的教练。事实证明,我能够帮助老板的儿子写封推荐信,尽管我不在斯坦福大学工作。我坚决拒绝接受老板给予的礼物。然而,几天后,我回到家时,发现有一个寄给我儿子的包裹,里面有12个棒球,并且上面有泰德·威廉姆斯和其余队员的亲笔签名,儿子已经把其中的11个分给了朋友,剩下的第12个留给了他自己。我承认我没有将棒球退回去。

如今,把体育运动作为生活的象征已是司空见惯,书里经常这样写,人们也总是这样说。1989年,巴特·吉亚玛蒂卸任耶鲁大学校长,成为棒球事务专员,他以三寸不烂之舌,把这种方法介绍给公众阅读和聆听。他认为,赛场上的战斗反映了日常生活中的斗争、危险和胜利——也许被放大了一点,当然在戏剧中被浓缩和加强,但依旧能够成为生活的隐喻。

许多球迷对体育的看法是一样的。尤其是当提到大学体育运动时,粉丝们经常谈到,参加体育运动的竞赛,使学生们能够接触到在今后的生活中所遇到的相似竞争,即使种类上不全然相似,质量上也颇有共同点。我本人热爱体育,尤其是大学体育,我相信体育有助于培育重要的价值观,尤其是当教练也是优秀的教师时。这些价值观中最重要的是团队合作的重要性。大学生的大部分工作是单独完成的,但是他们中的大多数人在毕业后将面临职业的责任,对团队合作的要求至少与对个人努力的一样多。我从商界人士那里听到的关于加强本科教育的最常见的建议之一,就是让学生更多地参与需要协作的任务。体育运动是促进团队合作、遵守合作精神的重要手段。

但将生活比作体育运动是具有误导性的,尤其是在大学教育的背景下则更是如此。在赛场上,只有一支队伍能获胜。但在绝大多数情况下,输赢并不是生活的一切。生活是在为他人提供服务的过程中,一步一步地获得理解与满足。大学教育就是学习如何采取这些步骤,一方面处理复杂问题,另一方面处理模棱两可的问题,并在这个过程中获得更清晰的价值观。学生在个人和职业生活中面临的多数困难都具有多面性,在没有确定性、缺少成规可依的情况下,必须在困难之中做出判断。

## 鼓励探究性思维

正如我在本书开头所引用的一位伟大的大学校长的话,本科教育应该使人拥有三件事物:思想、朋友和自己。我在本书中所讨论的大部分内容都是从我作为教师和管理者的角度对大学的思考。我在这些角色中获得的教育,帮助我提高了自己获得思想、朋友和自我的能力。以大学最重要的客户——学生和家长——作为本书的结尾似乎是合适的。

本科期间,学生们获得了大量的信息。但这些信息的总和仅仅占世界知识的一小部分,而且从实际意义上讲,这些信息中的很大一部分,可能在他们重返第一次班级聚会之前,就被证明是错误的,或者至少是无关紧要的。然而,学生学习到的最重要的方面不是信息,而是自我教育的过程:培养一种开放、探索、探究的思维,保持一颗不断质疑的心。这一过程对于成年生活的所有方面,无论是职业生活还是个人生活,都是必不可少的准备。

高中生的父母经常问我,他们最应该鼓励孩子的哪些品质。我的答案是好奇心。在所有思维方式中,探索的思维最有可能获得成功。一个人如何培养探究性思维?首先,这个过程需要寻找那些似乎能提供最大机会的领域,以新方式去拓展思维,保持兴趣并做好准备。参加医学院或其他类似专业所要求的科学课程是容易的,甚至是轻松的。我并不是说这些课程很容易——远非如此。但是做出这种选择很容易,因为有成例可依。而接触其他的领域——诗歌、天文学、逻辑学或中国历史——更困难,却更具挑战性,这并不是因为这些领域与一个人的未来职业有明显的关联,而是因为这些学科听起来很有趣,老师也具有启发性。如果说大学里有信条的话,那就是追求知识本身就是一个目标。如今,学生们面临着巨大的压力——来自父母、朋友,或许更大的压力来自他们自己的心理,只学看起来在毕业之后能赚钱的知识。我强烈要求抵制这种诱惑。本科时期的经历对一个人来说是无价之宝,它提供了一个机会,让你有时间追随自己的求知欲,无须考虑它通向何方。我相信,那些拥有最丰富教育经历的人,正是这样做的。

探索不同学科的一个主要好处是,每个学术领域都有自己观察世界的视角。虽然没有一种视角是唯一确定的,但它们提供了一种有价值的视角组合,帮助学生分析和解决他们以后可能面临的并不明确属于某一范畴内的问题。大多数大学都提供了一系列特别的机会来探索和体验知识学科的融合。它们不仅为本科生提供了一系列互动的课程机会,而且非常重视发现和探索学科之间的联系。除了男生联谊会和女生联谊会之外,大学还提供一系列学术课程之外的机会和许多娱乐的机会,包括音乐和戏剧团体、宗教和文化组织、出版物、广播系统、学生会、校际体育节目和服务俱乐部等。我敦促学生积极参与至少两三个组织。参与课外活动可以直接促进自我发现的过程。那些适应起来最困难的人,往往是那些没有采取这一简单步骤的人。

最后,对于学生来说,要在大学环境中茁壮成长,为毕业后的生活和事业做好准备,我认为特别重要的两个特质是探索的勇气和理性的品德。探究的勇气是基于这样一种信念:无论在寻求知识的过程中存在何种危险,都没有无知本身所带来的危险可怕。教师学者是探索过程中的导师。他们致力于不懈地质疑、探索、修正、推翻、重建的过程,在这一过程中,他们始终对答案持怀疑态度,但他们充分意识到,这些问题的答案会影响很多决定,而这些决定会产生很重要的结果。

理性的品德是思维的质量,它必须对知识的探索起引导作用。当然,理性并不代表一所大学的唯一道德,但它是我们在学术工作中所认可的。正是这一品德要求对每一个问题进行理性的分析和一丝不苟的扩展——尽管我们要认识到,理性思维也具有局限性。所有的大学生都有自己的观念和先入之见。怎么可能不是呢?大学要求学生认真审视自己所假定的前提,检查自己的推理过程。

理性的品德还意味着要避免"汽车保险杠贴纸"式的学习方法——用贴标签代替智力探究的方法。作为一名受过法律培训、在政府部门工作过几年的人,这种做法对我来说屡见不鲜。我最喜欢的回答之一来自一位联邦通信专员,他在国会听证会上被问及该委员会是否为公众利益服务。专员回答说:"是的,先生。我们每做出一项决定,都是符合公众利益的。我们的法律条文是这样说的。"我们所有人都需要警惕,不要以为条文上的陈述就能代替现实。

没有人会认为,只有勇于探究和具有理性的品德才能保证在大学里获得成功。学生需要有努力学习的自主性和合作精神。虽然学习大多是一项孤独的事业,但很多都需要共同努力,当然也还有其他品质。但是,如果学生具备了这些基本品质,他们就会感受到教育的乐趣所带来的那种特别的喜悦。